한국어 교원을 위한 말하기 숙달도 평가 안내서

한국어 말하기 평가론

한국어 교원을 위한 말하기 숙달도 평가 안내서

한국어 말하기 평가론

한상미·김성숙·조인옥·정여훈 지음

경진
출판
Kyungjin Publishing co.

이 책은 한국어 말하기 숙달도 평가를 실제로 수행하는 원리와 방법에 대한 설명서이다. 최근 한국 문화가 세계적으로 확산되고 세계인의 한국에 대한 관심이 증가하면서 한국어 학습자도 지속적으로 늘고 있다. 이에 따라 외국어 혹은 제2언어로서의 한국어 숙달도를 객관적으로 평가받고자 하는 외국인이나 재외동포 수험자들이 늘어났고 이러한 변화는 한국어 능력 평가 시장에도 영향을 주고 있다. 이러한 흐름을 반영하듯 국내외에서 시행되고 있는 주요 한국어 능력 평가에서는 그간 평가 수행의 어려움으로 인해 실시하지 못했던 말하기 영역의 숙달도 평가를 시행하기 시작하였다. 이러한 일련의 현상은 세계 속 한국의 위상 변화와 함께 사회 각 영역에서 높아지는 한국어 구어 능력의 필요성과도 무관하지 않다.

연세대학교 언어연구교육원 한국어학당에서는 이와 같은 한국어 능력 평가에 대한 필요성에 부응하여 자체적으로 온라인 한국어 숙달도 평가 도구 개발 과제를 수행하여 말하기, 쓰기, 듣기, 읽기 영역의 숙달도 평가 문항을 다수 개발하였다. 연세대학교 한국어학당은 1959년 국내 최초의 대학 부설 한국어 교육기관으로 설립된 이래 60여 년에 걸쳐 총 152개국의 17만 7천여 외국인 및 재외동포 학생들에게 한국어를 가르치며 한국어교육, 연구, 평가 관련 경험을 축적해 왔다.

이 책은 연세대학교 언어연구교육원 한국어학당에서 개발한 온라인 한국어 숙달도 평가 도구 개발 과제에 제출된 보고서에서 미처 다루지 못했던 말하기 평가 관련 기본 용어들의 개념과 평가 구성 요인에 대한 세부 고찰을 통해 본 도구가 무엇을 어떻게 평가하고자 하는 것인지를 이해하기 쉽게 설명하는 것이 주목적이다. 이를 위해 이 책에서는 제2언어 교육 분야에서 통용되고 있는 의사소통 능력, 말하기 능력의 개념과 함께 한국어 말하기 능력 평가를 위해 숙지해야 할 주요 개념 및 내용을 살펴보고 한국어 말하기 숙달도 평가 구성 요인, 채점 체계, 평가 기준, 평가 방법에 대해 구체적으로 설명하고자 한다.

그간 말하기 숙달도 평가가 듣기, 읽기 등 여타 영역의 평가에 비해 어려움을 겪어 왔던 요인 중에는 말하기 숙달도를 객관적으로 평가할 수 있는 전문 채점 인력의 확보와 이들의 훈련 및 관리의 어려움도 한몫을 하고 있다. 따라서 이 책에서는 한국어 말하기 숙달도 평가를 준비하는 한국어 교원과 예비 한국어 교원을 위해 한국어 말하기 숙달도 평가에 필요한 기초 개념과 평가 원리, 구체적인 채점 방법에 대해 사례를 들어 쉽게 설명하였다. 이 책의 내용이 한국어 말하기 숙달도 평가를 수행하고자 하는 한국어 교원 및 예비 평가 전문가에게 도움이 되길 바란다.

2024년 2월 저자 일동

차례

한국어 의사소통 능력과 말하기 능력

이 장에서는 한국어 말하기 숙달도 평가를 수행함에 있어서 필요한 기초 개념 중 의사소통 능력과 말하기 능력에 대해 살펴본다. 또한 말하기 능력은 어떤 구성 요인으로 이루어지며 한국어로 말을 할 때 특히 유념해야 할 특징은 무엇인지 점검해 본다.

√ 의사소통 능력이란 무엇인가?

√ 말하기 능력이란 무엇인가?

√ 말하기 능력을 구성하는 요인에는 어떤 것이 있는가?

√ 한국어 말하기의 특징에는 어떤 것이 있는가?

최근 빅데이터와 인공지능 기술을 활용하여 번역이나 통역을 하는 기술이 발전을 거듭하며 상용화되고 있다. 이러한 기술은 앞으로 더욱 정교화, 보편화되어서 사람들이 언어 학습에 시간을 투자하지 않더라도 소기의 의사소통 목적을 쉽게 달성시켜 주리라 본다. 하지만 언어는 여전히 다른 나라의 문화를 이해하게 해 주는 다리 역할을 한다는 점, 온전한 의사소통이란 단순히 언어적 차원의 번역이나 통역을 넘어 사회문화적, 화용적 맥락에 적절한 소통이어야 한다는 점에서 인간이 제2언어 혹은 외국어로 상황에 적절한 의사소통을 할 수 있는 능력은 아직도 다양한 영역에서 요구된다. 또한 언어 간 번역 및 통역을 위해 발전하고 있는 인공지능 기술은 효율적인 언어 간 의사소통을 위해 도움을 줄 수 있는 기술이기는 하나 아직 충분한 수준에 도달했다고 보기에는 시간이 좀 더 필요하다.

외국인에게 한국어를 가르친다는 것은 이미 자신의 모국어가 있는 학습자에게 제2언어 혹은 외국어로서의 한국어를 가르친다는 것이다.[1] 이는 대부분 영유아기부터 시작되는 모국어 교육과는 달리 아동, 청소년, 성인 혹은 노인

---

[1] 이 책에서 말하는 제2언어란 학습자의 모국어는 아니지만 사회생활을 위한 의사소통의 수단으로 해당 국가나 문화공동체에서 널리 사용되는 언어를 말한다. 가령 싱가포르에서 사용되는 영어와 같은 언어를 들 수 있다. 외국어란 공교육에서 교육은 되지만 그 나라 정부나 기업에서 의사소통의 수단으로 사용되지 않는 언어를 의미한다. 예를 들어, 일본이나 한국에서의 영어와 같은 언어가 이에 해당한다.

등 다양한 연령대의 학습자에게 이들의 국적, 인지 능력, 학력, 학습 동기 등 다양한 변인을 고려하여 '한국어'로 의사소통하는 능력을 키울 수 있도록 하는 체계적인 과정이다. 특정 언어로 의사소통할 수 있다는 것은 단순히 문자나 음성으로 나타나는 피상적 의미를 이해한다는 것을 넘어서 그 메시지가 지니는 문법적, 화용적, 사회문화적 의미를 이해할 수 있다는 것이다. 따라서 '한국어'로 의사소통할 수 있다는 것은 기계가 제공하는, 맥락이 배제되거나 제한된 맥락의 메시지를 통한 소통에 머무르지 않고 한국의 사회문화적 배경 지식과 한국어의 어휘, 문법 및 화용적 지식의 이해를 바탕으로 주어진 맥락에 적절한 의사소통을 할 수 있는 것을 말한다.

1. 의사소통 능력

의사소통 능력(communicative competence)이란 용어는 1960년대에 언어학자이자 사회언어학자, 인류학자인 Dell Hymes가 만든 용어이다. 그가 말한 의사소통 능력이란 메시지를 전달하고 해석할 수 있게 해 주며, 특정 상황에서 인간 상호 간에 의미를 교환할 수 있게 해 주는 언어능력의 한 면을 말한다(Dell Hymes, 1967; 1972). 의사소통 능력에 대한 관심은 1970년 이후 '언어적 능력'과 '의사소통 능력' 간의 차이를 구별하면서 일기 시작했고, 이는 언어의 규칙이나 형태에 관한 지식이 인간이 상호 간에 의사소통할 수 있게 해 주는 지식과 다르다는 것을 밝히기 위한 것이었다(Brown, 2007: 218~219).

이러한 관점은 Noam Chomsky가 제시한 생성문법(generative grammar) 이론, 즉 모든 인간이 타고난 언어 능력을 가지고 있으며 이러한 능력은 모든 언어에 공통된 규칙을 가지고 있다는 관점, 언어의 사용보다는 언어의 구조와 문법, 언어의 형성과 진화에 관심을 둔 관점과 차이를 보인다. 이렇게 언어를 하나의 고립된 체계가 아니라 언어 외적 요소들과의 관계 속에서 보려는 시도는 사회언어학, 담화 분석, 민족방법론, 의사소통 민족지학과 같은 학문 영역과의 관련 속에서 발전해 왔고, 제2언어 교육 분야에도 영향을 주어 의사소통적 접근법(communicative approach)에 이론적 근거를 제공하게 되었다.

그렇다면 의사소통 능력을 갖추기 위해서는 어떤 요인들이 필요할까? 일찍이 Canale & Swain(1980)과 Canale(1983)은 의사소통 능력을 언어적 차원과 심리언어적 차원으로 나누어 고찰하였다(Brown, 2007). 먼저 언어적 차원은 다시 상호 연관된 네 개 능력, 즉 언어적 능력(linguistic competence), 사회언어적 능력(sociolinguistic competence), 담화 능력(discourse competence), 전략적 능력(strategic competence)으로 구성된다. 심리언어적 차원에서는 의사소통 능력을 구성하는 두 개 개념으로 언어 지식 성분(a knowledge component)과 언어 기술 성분(skills component)을 구분하였다(Canale, 1983: 5).

Trosborg(1994: 10~11)는 언어적 차원에서 의사소통 능력을 구성하는 주요 요인의 개념에 대해 Canale & Swain(1980)을 기반으로 다음과 같이 설명하고 있다.

〈표 1〉 의사소통 능력의 구성 개념[2]

구성 요인	개념
언어적 능력	통사적, 형태·통사적, 음성적, 어휘적 차원의 능력으로 우리가 일반적으로 문법적 능력으로 이해하고 있는 능력을 의미함
사회언어적 능력	의미의 적절성과 형태의 적절성을 포함하는 '언어 사용'에 관한 규칙을 의미함
담화 능력	주어진 언어적 맥락에 적절하게 발화할 수 있는 능력으로, 순서 교대나 대화의 시작과 끝내기와 같은 담화 운영을 포함하는 개념임
전략적 능력	의사소통에서 발생하는 문제를 보상하거나 의사소통의 효율성을 높이기 위해 사용되는 능력을 의미함

의사소통 능력에 대한 이러한 고찰은 제2언어 교육에서 목표어로 원활한 의사소통을 하기 위해서는 음성, 어휘, 형태, 통사적 차원의 언어적 능력만

---

2) Trosborg(1994: 10~11)의 내용을 필자가 정리하여 도표화하였음.

배양하는 것으로는 더 이상 충분하지 않고, 이와 더불어 사회언어적, 담화적, 전략적 능력과 같이 상대적으로 간과되었던 요인들에 대한 학습도 필요함을 강조한다. 이러한 생각은 목표어 구조에 대한 정확한 지식보다는 언어의 유창한 의사소통 기능과 사용을 중시하는 의사소통 중심 접근법(CLT: Communicative Language Teaching)의 적용을 제2언어 교육 분야에 확산시켰다. 최근 등장한 내용-언어통합교수법(CLIL: Contents-Language Integrated Learning) 역시 외국어 혹은 제2언어를 통해 역사, 지리, 경영, 기술 등과 같은 내용을 학습하는 방법으로, 학생들이 실제 상황에서 언어를 사용하도록 돕는다는 점에서 의사소통 중심 접근법과의 연결성을 확인할 수 있다.

2. 말하기 능력

인간이 의사소통을 하는 방식은 다양하다. 가령 친구와 소통해야 하는 일이 생겼을 때 우리는 그를 직접 만날 수도 있고 편지나 이메일, 문자 등의 수단을 이용할 수도 있으며 실시간 화상 통화나 채팅을 할 수도 있다. 굳이 대면 상황이 아니어도 인터넷이나 모바일 기기를 활용할 경우 우리가 그와 소통할 수 있는 방법은 꽤 다양하다. 이러한 다양한 소통 방식은 말하기, 듣기와 같이 음성을 매개로 하거나 쓰기, 읽기와 같이 문자를 매개로 이루어진다. 언어의 네 가지 기능, 즉 말하기, 쓰기, 듣기, 읽기는 소통 방식에 따라 언어의 생산을 의미하는 표현 영역과 수용을 의미하는 이해 영역으로 다시 구분해 볼 수 있다.

⟨표 2⟩ 의사소통을 위한 소통 방식

매개체 \ 분류	표현(생산)	이해(수용)
음성(구어)	말하기	듣기
문자(문어)	쓰기	읽기

그렇다면 제2언어로 말을 할 수 있다는 것은 어떤 능력을 의미하는 것인가? 예를 들어 지금 우리가 줌(Zoom)이라는 매체를 통해 실시간 화상 회의를 하고 있다고 가정해 보자. 나는 이 의사소통 정황에서 회의에 참석한 대화 상대자들의 발화를 듣고(듣기), 그들이 공유하는 자료를 보며(읽기), 그 과정에서 내가 필요한 것을 메모하기도 하면서(쓰기), 적절한 순간에 나의 의견을 표현하기도 한다(말하기). 주어진 회의 정황에서 발화 맥락에 적절한 말하기를 하기 위해서 나는 듣고, 읽고, 쓰는 언어 기능을 모두 활용해야만 온전한 의사소통을 수행할 수 있다. 따라서 이 경우 '말하기' 능력이란 단순하고 일방적인 '말하기'만으로는 충분하지 않다.

이와 같이 제2언어로 말을 한다는 것은 발화 정황에 적절한 의미 전달을 위해 음성을 매개로 하여 체계적인 발화를 생산하는 것으로, 정보의 이해, 처리, 생산을 위해 언어의 네 가지 기능을 모두 활용하여 맥락에 적절한 구두 상호작용을 하는 것을 말한다.

3. 말하기 능력의 구성 요인

제2언어로 말을 할 때 필요한 능력은 무엇인가? 과거 문법 중심의 접근법이 제2언어 교수법의 주를 이루던 시기에는 목표어 형태나 구조에 대한 지식이 말하기에서도 주요한 요인으로 간주되었다. 그러나 1970년대 이후 언어를 아는 것은 단지 문법을 아는 것 이상임이 공론화되면서 그간 언어 형태에만 초점을 두었던 언어 교육에 다른 중요한 요인들도 있다는 것이 인식되었다. 즉, '사용'을 위한 언어 교육을 목적으로 '의사소통 능력' 개념이 중시되면서 문법적 능력은 더 이상 말하기를 위한 충분조건이 될 수 없었다. 문법적 능력의 개념에 대해서는 다양한 견해가 있을 수 있으나 여기에서 말하는 '문법적 능력'이란 발음, 어휘, 문법과 관련된, 문장 단위를 벗어나지 않는, 문장 단위 이내의 언어 규칙을 잘 수행할 수 있는 능력을 말한다. 다른 말로 언어적 능력이라고 불리기도 한다.

말하기 능력의 개념 또한 이러한 변화를 반영하게 되었다. 제2언어로 맥락에 적절하게 말하기 위해서는 문법적 능력뿐만 아니라 목표 언어 공동체에 맞는 사회문화적 배경지식을 바탕으로 적절하게 자신의 의사를 표현할 수 있는 능력 그리고 문장 단위 이상으로 수행되는 담화 맥락에 적절하게 발화할 수 있는 능력이 모두 필요하다. 예를 들어 한국어 학습자가 남대문 시장과 시내 백화점에 가서 각각 '깎아 주세요.'라고 발화했을 때를 가정해 보자. 학습자가 남대문 시장에서 말했을 경우 이는 맥락에 적절한 의사소통이다. 그러나 학습자가 백화점에 가서 동일한 발화를 수행했을 경우 이는 발음, 어휘, 문법적으로 오류가 없는 발화일지라도 백화점이라는 공간에서 물건 값을 깎는 행위이므로 주어진 상황 맥락에 부적절한 의사소통이 되는 것이다.

이와 같이 말을 할 때는 화용 오류를 범하지 않기 위해 사회문화적 맥락, 더 좁게는 발화 정황이 처한 구체 맥락을 잘 파악한 후에 적절하게 의사소통을 해야 한다. 이를 위해서는 목표어 학습자에게 목표 문화권에 대한 사회문화적 배경지식이 필요하다. 사회문화적 능력이란 의사소통 참여자가 의사소통 행위의 수행과 이해에 바탕이 되는 목표 문화권의 사회적 인식을 알고, 상황에 따라 어떤 말을 해야 하는지 인지하는 능력을 의미한다. 제2언어로 말을 한다는 것은 이질적인 문화적 배경을 가진 사람들과의 의사소통을 전제한다. 따라서 목표어 문화의 관습, 가치관, 행동양식을 이해하고 존중하기 위해서 해당 목표어 문화와 관련된 사회문화적 능력을 갖추는 것은 의사소통에서 오해와 갈등을 줄이고 성공적인 의사소통을 이루는 데 중요한 요인이 된다.

다음으로, 담화 능력은 문장 단위 이내의 언어 규칙, 즉 좁은 의미의 문법적 능력과 달리 문장 단위를 넘어서는 언어 규칙을 말한다. 이는 담화 속의 문장들을 연결하여 일련의 발화문으로부터 전체 의미를 유의미하게 형성해 내는 능력이다. 따라서 담화 능력은 제2언어 의사소통에서 문장 단위 이내의 규칙에 관련하는 좁은 의미의 문법적 능력을 보충해 주는 능력이라고도 볼 수 있다. 화자는 담화 능력을 갖춤으로써 대화 상황에서 주어진 내용을 잘 이해하고 이에 대해 논리적이고 정확하게 응답할 수 있으며, 담화 내용에 담긴 논리와 내용의 일관성을 이해하고 정리할 수 있게 된다.

마지막으로, 전략적 능력이란 의사소통 수행상의 변인이나 불충분한 언어 능력 때문에 발생하는 의사소통 문제를 보상하기 위해 사용되는 능력을 가리킨다(Canale and Swain, 1980: 30). 이는 의사소통에서 발생하는 문제를 보상할 뿐 아니라 의사소통의 효율성을 높이기 위해 사용되기도 한다(Brown, 2007: 137~139). 예를 들어 제2언어 의사소통 중 자신이 발화하고자 하는 어휘를 목표어로 알지 못할 경우 자신의 모국어로 발화하거나, 상대방 발화를 잘 이해하지 못할 경우 천천히 말해 달라고 요청하는 것, 혹은 자신의 부정확한 발화를 반복하여 다시 발화하는 것 등이 그 예이다. 제2언어 학습자는 전략적 능력을 사용함으로써 자신의 불충분한 목표어 능력을 보완하며 의사소통을 지속해 나가게 된다.

제2언어 말하기 능력은 이와 같이 목표어에 대한 문법적 능력, 담화적 능력, 전략적 능력 그리고 사회문화적 능력이 조화롭게 어우러져 의사소통 정황에 맞는 발화를 하는 능력이다. 이 과정에서 발화의 내용은 의사소통 목적에 적합해야 하고 숙달도 수준에 적절하게 풍부하며 발화 조직의 측면에서는 체계적이고 응집성 있는 발화를 지향한다. 또한 표현의 측면에서는 정확하고 다양한 표현을, 전달의 측면에서는 자연스러운 발음 및 억양으로 유창하게 발화하는 것을 목표로 한다.

4. 한국어 말하기의 특징

이 절에서는 한국어 말하기의 특징에 대해 살펴보고자 한다. 우리가 말을 할 때는 쓰기, 읽기와 같은 문어 의사소통과는 다르게 구어 의사소통 고유의 특징이 있다. 이에 대해 Brown(1994)은 구어의 특징을 무리 짓기, 중복성, 축약형, 수행 변인, 구어체, 발화 속도, 억양과 강세, 상호작용의 측면에서 다음과 같이 설명한다.

〈표 3〉 구어의 특징(Brown, 1994: 238~239)

특징	설명
무리 짓기 (Clustering)	유창한 표현은 단어가 아니라 구 단위로 이루어진다. 학습자는 인지적으로 적절한 단위를 무리 짓거나 호흡에 적절한 단위로 무리 지어 표현할 수 있다.
중복성 (Redundancy)	문어와 달리 구어는 반복하는 말, 고쳐 하는 말, 설명하는 말, 덧붙이는 말이 많아서 중복성이 많다. 그러므로 화자는 반복과 부연 설명을 통해 의미를 분명하게 할 수 있다.
축약형 (Reduced forms)	구어는 축약형을 많이 사용하는데 이는 음성적 축약, 형태적 축약, 통사적 축약, 화용적 축약을 모두 포함한다. 따라서 말하기 교육에서는 축약 표현을 적절하게 사용하도록 해야 자연스러운 발화를 유도할 수 있다.
수행 변인 (Performance variables)	계획적인 담화를 제외한 구어에서는 화자가 말하는 도중에 주저하거나 머뭇거리거나 말을 수정하는 경우가 많다. 모국어 화자는 어릴 때부터 이러한 언어의 수행 변인을 처리하는 방법을 익혀 왔지만 외국어 학습에서는 새롭게 학습해야 하는 요소가 된다.
구어체 (Colloquial language)	대화 속에는 관용적 표현이나 축약형, 공통의 문화적 지식 등이 포함된다. 교사는 학습자에게 구어체의 어휘와 관용적 표현, 구를 지도해야 하며 이러한 표현을 연습할 기회를 제공해야 한다.
발화 속도 (Rate of delivery)	구어는 다양한 발화 속도로 전달되는데 유창하게 발화하려면 적절한 속도를 지녀야 한다. 말하기 교육에서는 유창성을 구성하는 다른 요소들과 함께 적절한 속도로 말할 수 있는 능력을 기르도록 하는 연습이 필요하다.
강세, 어조, 억양 (Stress, rhythm, and intonation)	구어는 음성을 통해 전달되므로 강세, 어조, 억양 등의 요소가 의미를 전달하는 데 중요한 요소가 된다. 따라서 말하기 교육에서도 중요한 부분을 강조하거나 적절한 억양으로 의미를 표현하는 것도 포함되어야 할 내용이다.
상호작용 (Interaction)	대화는 상호작용 규칙(협상하기, 명료화하기, 신호에 주의하기, 순서 지키기, 화제 지정 등)의 지배를 받는다. 말하기는 양방향 활동이므로 의미 협상을 위해서는 이러한 상호작용 규칙을 익힐 필요가 있다.

위에서 살펴본 바와 같이 구어, 즉 말하기에서는 문어, 즉 쓰기와는 다른 고유한 특징이 있다. 그런데 한국어로 말을 할 때는 '구어'적인 특성 외에

'한국어'가 지니는 특성으로 인해 제2언어 혹은 외국어 학습자들이 유념해야
할 내용이 있다. 따라서 한국어 말하기 교육 현장에서는 한국어가 지니는
음운적, 통사적, 담화적 특징으로 인해 다음과 같은 구어적 특징을 교수해야
함에 유념해야 한다.

〈표 4〉 한국어 구어의 특징(노대규, 1996; 이해영, 2006: 164~167)[3]

분류	설명
통사적 특징	• 기본 단위가 완결된 문장이기보다는 구나 절 단위인 경우가 많다. • 문장 구조가 단순하여 복문 사용이 많지 않다. • 능동문이 피동문보다 많이 사용된다. • '못, 안'과 같은 단형 부정이 '-지 못하다, -지 않다, -지 말다'와 같은 장형 부정보다 선호된다. • 이중 부정이 선호되지 않는다. • 문어에 비해 조사 생략이 자유롭다. • 문장 성분의 생략이 많다. • 반말체 어미 등과 같은 구어체 어미가 사용된다. • 문어에 비해 어순이 자유롭다. • 구어 접속 조사 '하고'가 사용된다. • 접속 조사가 반복적으로 사용된다. • 호격 조사가 사용된다. • 관형격 조사의 사용이 적다. • '되게, 무지, 참, 진짜' 등의 정도 부사가 자주 사용된다.
음운적 특징	• '그것은→그건'처럼 음운의 축약과 탈락이 많이 일어난다. • 강조하고 싶은 말을 강조하여 발음할 수 있고, 발화 속도도 조절된다. • 표준적이지는 않으나 된소리로 발음되는 현실음이 많다. • '의→으/에, 예→이'처럼 발음되는 표준음 또는 현실음이 많다. • 표준적이지는 않으나 '고→구'처럼 발음되는 경향이 있다. • '막아→마거'처럼 발음되는 현실음이 많다. • '네가' 대신 '니가'가 사용되기도 한다. • 문말 억양을 통해 서술, 의문, 명령, 청유의 뜻을 나타낸다.

---

3) 〈표 4〉에 제시된 한국어 구어의 특징은 노대규(1996)를 바탕으로 이해영(2006)이 정리한 내용이다.

분류	설명
담화적 특징	• 잘못된 발화와 이의 교정이 일어날 수 있다. • 순서 교대와 끼어들기, 중복이 일어난다. • 대응쌍이 있다. • 맞장구 표현이 있다. • 담화 참여자에 의한 화제 전환이 잦다. • 정보가 1인에 의해 구성되는 문어와 달리 대화 참여자들의 협력으로 구성된다. • 의사소통 전략으로 간접 표현이 자주 사용된다. • '글쎄, 뭐, 그런데 말이야, 그야 그렇지만, 자' 등 구어체 담화 표지가 사용된다. • 한국어 화자 특유의 몸짓 언어가 사용된다.

위에 제시된 한국어의 통사적, 음운적, 담화적 영역에 나타나는 특징은 한국어 말하기 교육 현장에서 교육 자료, 교수 방법, 평가의 측면에서 교수학습의 각 단계별로 세부적, 선별적으로 고려되어야 할 내용이다. 예를 들어 담화적 특징에서 '맞장구 표현이 있다.'의 경우 한국어에서 주로 어떤 맞장구 표현이 있는지 그리고 '한국어 화자 특유의 몸짓 언어가 사용된다.'의 경우 어떤 발화 정황에서 어떤 고유의 몸짓 언어가 사용되는지 등을 구체적으로 반영한 교육과 평가가 이루어져야 할 것이다.

말하기 능력 평가의 기본 개념

이 장에서는 말하기 능력 평가를 위해 평가자들이 알아야 할 기본 개념들을 살펴본다. 먼저 말하기 평가의 유형에는 어떤 것이 있는지, 언어 평가가 갖추어야 할 주요 요건으로는 어떤 것이 있는지를 살펴본다. 또한 말하기 평가의 구성 요인으로는 구체적으로 어떤 것들이 있는지, 말하기 평가의 문항 유형은 어떤 것이 있는지를 짚어본다. 마지막으로 말하기 평가를 수행하기 위해 채점은 구체적으로 어떤 절차를 거쳐서 이루어지는가를 알아본다.

√ 교실 안팎의 말하기 평가 유형에는 어떤 것들이 있는가?

√ 언어 평가가 갖추어야 할 요건은 무엇인가?

√ 말하기 평가에서 주요 구성 요인은 무엇일까?

√ 말하기 평가의 문항 유형으로는 어떤 것들이 있는가?

√ 말하기 평가의 채점은 어떻게 하는 것이 바람직한가?

한국어교육 분야에서는 1980년대에 평가에 대한 논의가 처음 시작되었고 1990년대에 들어서면서 평가의 중요성에 대해 인식하게 되었다. 이 시기를 전후로 의사소통 능력의 개념, 언어 숙달도 평가 개발에 대한 논의가 이루어졌고, 한국어교육에서도 언어 능력을 어떻게 평가할 것인지에 대해 많은 연구자들이 관심을 가지기 시작하였다(장은아, 2011: 352~354). 2000년대에 들어서면서 평가 관련 연구는 주제 면에서 더욱 다양해졌으며 학위논문과 학술지 논문이 모두 양적으로 큰 증가세를 보이게 되었다. 한국어교육에서 실제 언어 사용 맥락을 중시한 의사소통 중심 교육의 중요성이 부각되면서 말하기 교육뿐만 아니라 말하기 평가에 대한 관심 또한 크게 증가하였다. 이와 관련하여 강수정(2017: 38), 김은실·강승혜(2019: 18)에서는 평가 연구의 대부분이 표현 영역에 속하는 말하기와 쓰기 연구로 치중되어 있음을 언급한 바 있다(이경·성아영, 2021: 200~201).

제2언어 혹은 외국어로서의 한국어 말하기 평가 관련 연구의 주요 내용은 평가 기획, 평가 도구 개발, 평가 실시, 평가 결과의 해석과 활용의 단계로 다음과 같이 세분하여 나누어 살펴볼 수 있다.

〈표 5〉 말하기 평가 연구의 주제(이경·성아영, 2021: 207)

평가 개발 절차	대주제	소주제
평가 기획	평가 목적	성취도, 숙달도
	학습자 대상	학습 목적, 국적, 수준
평가 도구 개발	기초 연구	개괄(담론, 평가 원리, 평가 방안 등), 평가 기준, 평가 범주, 평가 변인, 평가 도구, 평가 구인, 평가 모형, 평가 항목, 평가 문항, 평가 비교, 기타 평가 도구 활용, 평가 등급 기술(설정), 교사/학습자 인식, 요구조사 등
	평가 내용	문법(구어), 어휘, 화용, 발음, 문학/문화
	언어 능력	의사소통능력, 상호작용능력, 화용능력, 담화능력, 문화적 능력 등
	기능 연계	듣기, 읽기, 쓰기
	평가 과제	발표, 토론, 대화, 인터뷰, 역할극, 포트폴리오 등
평가 실시	실시 매체	컴퓨터, 인터넷(온라인), 모바일, 태블릿PC 등
	학습자 양상	언어 사용 양상(오류, 담화 분석, 대화 분석, 반응 발화 분석), 전략 사용 양상(의사소통 전략, 학습 전략) 등
평가 결과의 해석과 활용	평가 도구의 질	타당도, (시험)신뢰도, 난이도 등
	결과 분석	상관관계, 평가 분석, 도구 개선 연구 등
	채점	(채점/채점자)신뢰도, 채점 기준, 채점 경향, 채점자 특성, 채점 최적화 방안, 채점자 배정, 채점자 훈련, 채점 경향, 채점 변인 등

위 표의 내용을 살펴보면 말하기 평가 관련 연구는 특히 평가 도구 개발을 위주로 다양한 주제들이 연구되었음을 알 수 있다. 평가 도구 개발 관련 주제는 기초 연구, 평가 내용, 언어 능력, 기능 연계, 평가 과제와 같은 하위 주제들로 다시 나뉘는데 이중 특히 말하기 평가 도구 개발 관련 기초 연구 영역에서 평가 원리, 평가 기준, 평가 범주, 평가 변인, 평가 도구, 평가 구인, 평가 모형, 평가 항목, 평가 문항 등 다양한 주제가 탐구되었고, 평가 내용, 언어 능력, 평가 과제 관련해서도 많은 연구가 진행되었다. 또한 평가 실시 방법과 평가 결과의 해석과 활용 관련해서도 평가 매체, 평가 도구의 질, 결과 분석,

채점 관련한 연구가 이어졌다.

한국어 말하기 평가 연구 흐름에 대한 이와 같은 이해를 바탕으로 본 장에서는 이러한 다양한 주제 가운데 한국어 말하기 평가를 실제로 수행하는 데 필요한 기본 개념들에 대해 좀 더 구체적으로 살펴보고자 한다.

1. 말하기 평가 유형

제2언어 평가는 다양한 유형으로 나누어 볼 수 있다. 우선 평가 방법에 따라 상대평가와 절대평가, 객관식 평가와 주관식 평가, 직접 평가와 간접 평가, 분리 평가와 통합 평가 그리고 속도 평가와 능력 평가로 구분될 수 있다. 평가 목적에 따라서는 성취도 평가, 숙달도 평가, 배치 평가, 진단 평가, 형성 평가, 총괄 평가 등으로 나누어 볼 수도 있다.

〈표 6〉 평가의 유형(곽지영 외, 2007: 315)

방법에 따른 평가 유형	목적에 따른 평가 유형
• 상대 평가/절대 평가 • 객관식 평가/주관식 평가 • 직접 평가/간접 평가 • 분리 평가/통합 평가 • 속도 평가/능력 평가	• 배치 평가/진단 평가/형성 평가/총괄 평가 • 성취도 평가/숙달도 평가

이 책에서는 이러한 다양한 평가의 유형 중 한국어교육 현장에서 실제로 요구되는 평가 목적에 따른 제2언어 말하기 능력 평가의 주요 유형에 초점을 두고자 한다. 한국어교육 현장에서 수행되는 말하기 시험은 평가의 목적에 따라 숙달도 평가, 성취도 평가, 배치 평가, 진단 평가, 형성 평가로 분류해 볼 수 있다.

먼저 숙달도 평가는 수험자가 목표 언어를 얼마나 잘 사용할 수 있는지 그 언어 능력 수준을 측정하기 위한 평가이다. 이는 수험자의 학습 이력과는 관계없이 그가 현재 보유하고 있는 목표어의 숙련 정도를 측정하는 것이다. 수험자가 의사소통 목적을 충족하는, 특정 수준에 도달하는 언어 능력을 지녔는지를 측정하게 된다. 한국어의 경우 TOPIK(Test of Proficiency in Korean)이나 KPE(Korean Proficiency Examination), SKA(Sejong Korean language Assessment), 영어의 경우 TOEFL(Test of English as a Foreign Language), TOEIC Speaking (Test of English for International Communication Speaking), IELTS(International English Language Testing System), 중국어의 경우 HSKK(Hanyu Shuiping Kouyu Kaoshi, 한어수평구어고시), 프랑스어의 경우 DELF/DALF(Diplôme d'Etudes en Langue Française/Diplôme Approfondi de Langue Française), 독일어의 경우 ZD(Zertifikat Deutsch), 스페인어의 경우 DELE(Diplomas de Español como Lengua Extranjera) 등이 그 예이다.

다음으로 성취도 평가란 학습자가 배운 내용을 얼마나 많이 알고 있는지를 측정하는 평가를 말한다. 성취도 평가 국면에서는 미리 계획된 교육과정에 따라 일정 기간 동안 교육을 진행한 다음 학습자가 교사나 교육 기관이 설정한 학습 목표에 얼마나 도달했는지를 측정한다. 따라서 성취도 평가는 수업에서 진행한 교육 내용 및 교육과정과 긴밀하게 연결되어 있고 학기 중 정해진 교육 시간 안에 다루어진 교육 내용으로 평가의 범위가 제한된다. 언어 교육 기관에서 실시하는 중간시험이나 기말시험이 그 예이다.

배치 평가란 학습자 집단을 유사한 실력을 가진 그룹으로 나누어 학급에 배치하기 위한 시험을 가리킨다. 이는 특정 교육과정 안에서 학습자 집단을 가장 적합한 그룹이나 숙달도 수준에 배치할 정보를 얻기 위해 실시된다. 일반적으로 특정 교육과정을 시작하기 전에 실시되며 배치 평가를 통해 수험 자는 각자에게 적합한 능력 수준의 반에 배치된다. 이러한 배치 평가를 통해 교사와 학습자는 보다 효율적인 교수 학습 활동을 수행할 근거를 얻게 된다. 언어 교육기관에서 학습자가 입학한 후 치르게 하는 반편성 시험이 그 예이다.

진단 평가란 학습자가 무엇을 알고 무엇을 모르는지를 파악하기 위해 실시하는 시험을 말한다. 학습자의 인지 수준뿐 아니라 개개인의 특성, 적성, 준비도, 흥미, 동기 등 다양한 학습 변인을 진단하기 위해서도 수행된다. 따라서 진단 평가는 학습자들이 쉽게 학습하는 내용과 그렇지 못한 내용 등을 파악해서 교육 내용과 교수 방법을 수정하거나 교육적으로 이득이 될 수 있는 방향으로 반영하기 위한 목적으로 사용된다. 이러한 진단 평가는 효율적인 교수 학습을 수행하기 위해 중요한 정보를 제공해 주는 기능을 한다. 예를 들어 제2언어 교실에서 진단 평가는 사전 배치 평가를 통해 반 배정이 이루어진 후 담당 교사가 해당 반 학생들의 특성을 파악하여 그에 맞는 적절한 수업 전략을 짜기 위해 수행된다.

형성 평가는 교수 학습이 진행되는 과정에서 학생에게 피드백을 주고 그 인지적 성장의 상태를 수시로 확인·평가하고, 교육과정을 개선하며 수업 방법을 개선하기 위해 실시하는 평가이다. 이는 교수 학습 중에 수시로 학습자의 학습 정도를 측정하는 것으로 주로 앞으로의 교수 학습 계획을 수립하려는 목적으로 실시한다. 이 평가는 성취도 평가보다는 적은 양을 소학습 단위가 끝날 때마다 수시로 실시하는 것이 특징이다(곽지영 외, 2007: 318). 한국어 교실에서 수업 시작 전에 전 시간에 배운 내용에 대해 퀴즈를 보거나 한글을 배우는 과정에서 수행하는 받아쓰기 등이 그 예이다.

〈표 7〉 목적에 따른 평가의 분류

평가의 종류	내용	예시
숙달도 평가	수험자가 목표 언어를 얼마나 잘 사용할 수 있는지 해당 언어 능력 수준을 평가	TOPIK, TOEFL, HSKK 등
성취도 평가	학습자들이 배운 내용을 얼마나 알고 있는지 측정	중간시험, 기말시험
배치 평가	학습자 집단을 유사한 실력을 가진 그룹으로 나누어 배치하기 위한 평가	반편성 시험
진단 평가	해당 학습자가 무엇을 알고 무엇을 모르는지 파악하기 위한 평가	반 배정 직후 수행되는 진단용 시험
형성 평가	교수 학습 진행 상태 확인 및 교육과정·수업 방법 개선을 위한 평가	받아쓰기(한글), 퀴즈 등

이 글에서는 이러한 다양한 평가 중 말하기 능력을 측정하는 숙달도 평가에 초점을 맞추어 논의를 진행하고자 한다.

2. 언어 평가의 요건

제2언어 능력을 평가하는 데 있어서 평가 도구는 평가의 목적에 맞아야 하고, 믿을 만한 결과를 제공해야 하며 평가를 시행할 수 있는 현실적인 여건에 맞아야 한다. 일반적으로 언어 평가가 갖추어야 할 주요 요건으로 타당도 (validity), 신뢰도(reliability), 실용도(practicality)를 들 수 있다.

2.1. 타당도

타당도란 평가 도구가 측정하고자 하는 것을 실제로 측정하고 있는가에 관한 것이다. 말하기 숙달도 평가 도구를 개발하였다면 이 도구가 진정으로 수험자의 '말하기 능력'을 평가하고 있는가를 검토해야 하는 것이다. 타당도는 〈표 8〉과 같이 분류된다.

〈표 8〉 타당도의 분류[4]

구분	내용
안면 타당도 (face validity)	• 검사도구가 목표하는 수험자의 능력을 평가하고자 할 때 우선 피상적으로 보기에 타당한가를 나타내는 정도를 말한다. • 검사도구가 측정하려는 것을 측정하는 것처럼 보이는가, 즉 과연 그 검사가 타당해 보이는가를 말한다.

---

4) 강승혜 외(2006: 29~33)의 내용을 정리하여 도표화함.

구분	내용
내용 타당도 (content validity)	• 검사도구가 검사하려고 하는 내용이나 교육목표를 어느 정도로 충실히 측정하고 있는지를 분석, 측정하려는 타당도를 말한다. • 문항내용이 교과내용의 중요한 것을 빠뜨리지 않고 충분히 포괄하고 있는가, 문항의 난이도가 학생 집단의 특성에 비추어 보아 적절한가, 문항의 표본이 모집단을 잘 대표하고 있는가에 따라 내용 타당도가 결정된다.
구인 타당도 (construct validity)	• 정의 내린 그대로 이론적인 구성 요인이나 자질을 측정하느냐를 분석하는 것으로 검사하는 내용과 방법이 타당한가를 검증하는 것이다. • 예를 들어 언어검사에 대한 구인 타당도는 검사 내용과 방법이 측정하려는 언어지식과 의사소통능력을 정확히 반영하고 있는지를 측정한다.
준거 관련 타당도 (criterion-related validity)	공인 타당도(concurrent validity): 새로운 도구의 타당도를 검증하기 위해 이 시험을 본 수험자들로 하여금 인정받고 있는 기존의 시험을 보게 하여 그 결과와의 비교를 통해 그 시험의 타당도를 검증하는 것이다. 예측 타당도(predict validity): 해당 도구의 시험 결과가 피험자의 미래 행동이나 특성을 어느 정도 정확하고 완전하게 예언하느냐에 관한 것으로, 예언 능률의 정도에 의해 표시되는 타당도이다. 이는 검사도구가 목적하는 준거를 정확히 예언하는 힘을 말한다.

2.2. 신뢰도

신뢰도(reliability)란 측정의 일관성 또는 객관성을 일컫는 말로 평가 결과가 얼마나 일정하게 나오느냐와 관련된다. 신뢰도는 평가도구가 측정하는 과정과 방법에 일관성이 있는가, 측정의 오차가 얼마나 적은가 또는 얼마나 객관성을 띨 수 있는가의 정도를 의미한다. 신뢰도에는 크게 두 가지가 있는데 하나는 채점 신뢰도이고 다른 하나는 평가 자체의 신뢰도인 평가 도구 신뢰도이다.

구분	내용
채점 신뢰도 (scoring reliability)	• 채점자에 의한 채점의 일관성을 말한다. • 하나의 평가에 대해 여러 사람이 채점을 할 경우 채점자 간에 평가가 얼마나 일치하는가를 의미한다. • 개별 채점자에 의한 채점의 일관성인 채점자 내 신뢰도(intra-rater reliability)와 서로 다른 채점자들 간 채점의 일관성인 채점자 간 신뢰도(inter-rater reliability)로 나뉜다.
평가 도구 신뢰도 (test reliability)	• 평가 도구 자체가 가지는 신뢰도로서 어떤 평가를 반복적으로 시행했을 때 비슷한 결과가 나오는 정도를 말한다. • 평가 과정과 방법의 안정성을 의미하는 것으로, 동일 대상이 동일 조건으로 시험을 반복했을 때 어느 정도 동일한 결과를 얻을 수 있는가를 말한다.

2.3. 실용도

실용도(practicality)란 특정 평가도구가 실제 상황에서 효과적으로 시행될 수 있는 여건의 구비 정도를 말한다. 평가가 실제로 수행될 수 있으려면 시간, 인력, 자원 등 여러 가지 조건이 구비되어야 한다. 예를 들어 인터뷰 평가를 하기 위해서는 자격이 있는 평가자의 확보, 적합한 장소의 확보, 수험자들을 인터뷰하는 데 걸리는 시간, 이를 위한 재정적 비용의 확보, 대기 수험자들의 관리와 같은 문제가 현실적으로 대두된다. 그러므로 어떤 평가 도구가 아무리 타당도와 신뢰도가 높다고 하더라도 실제 상황과 여건이 평가 실시를 어렵게 만든다면 그 평가는 실용도가 떨어지게 된다. 따라서 평가의 실용도를 갖추기 위해서는 경제성이나 실시의 용이성, 채점의 용이성 등을 따져 봐야 한다(곽지영 외, 2007: 322).

한국어 말하기 평가 도구를 개발하고 시행함에 있어서 앞서 언급한 타당도,

---

5) 곽지영 외(2007: 321), 강승혜 외(2006: 26~28)를 참조함.

신뢰도와 같은 평가 요건과 함께 반드시 고려해야 하는 것이 실용도이다. 인공 지능이 정교한 수준으로 발전되어 현재와 달리 상대적으로 저비용으로 말하기 평가가 수행될 수 있는 시기가 오기 전까지는 말하기 평가에 수반되는 전문 평가자의 훈련 및 관리 등을 포함하는 실용도의 측면은 특히 간과될 수 없는 주요한 평가의 요건이다.

3. 말하기 평가 구성 요인

이 절에서는 말하기 숙달도 평가를 수행하기 위해서 구체적으로 어떤 요인을 측정해야 하는지 점검해 보고자 한다. 제2언어로 말을 잘한다는 것은 어떤 능력이 있는 것인가? 어떤 능력을 측정해야 진정한 말하기 능력을 측정하는 것인가? 이는 말하기 능력을 구성하는 요인, 즉 평가 구인의 점검을 통해 도출될 수 있다.

외국어 평가론에서 '구인(construct, 構因)'이란 평가의 대상인 의사소통 능력을 구성하는 요인의 목록을 의미한다. 외국어 능력 평가는 학습자의 의사소통 능력을 측정하여 판단하는 것으로서, 목표 언어에 대한 구인 선정을 어떻게 하는가에 따라 평가 기준, 채점 척도, 과업, 평가 방법 등이 달라진다. 특히 말하기나 쓰기 같은 표현 기능의 평가는 '구인에 따른 평가 기준의 선정'이 타당도와 신뢰도에 강한 영향을 끼치며, 평가 이후의 교수, 학습에도 길잡이 역할을 하므로 주목할 가치가 크다(지현숙·이혜란, 2021: 120).

이 책에서 말하는 평가 구인이란 평가의 대상인 한국어 의사소통 능력을 구성하는 요인을 말하며 이는 TOPIK의 경우 평가 요인, KPE의 경우 평가 범주라는 용어로도 사용되었다. 본 절에서는 평가 구인 중 특히 말하기 평가의 구인을 점검하기 위해 우선 국내외에서 시행되는 주요 언어권별 숙달도 평가 도구에는 어떤 것이 있는지 살펴보고자 한다. 또한 이들의 평가 주관 기관, 평가 목적, 등급제 및 점수제 관련 정보 및 평가 영역 등과 같은 주요 특징에 대해 개괄적으로 점검한 후 이를 바탕으로 국내외에서 시행되고 있는 언어권별 주요 말하기 숙달도 평가 구인에 대해 고찰하고자 한다.

〈표 10〉 언어권별 말하기 숙달도 평가 도구 개요

평가 도구	평가 언어	주관 기관	개요
TOPIK (Test of Proficiency in Korean)	한국어	국립국제교육원	• 대학 수학 및 취업 목적 한국어능력 평가 • TOPIK1(1급, 2급), TOPIK2(3급, 4급, 5급, 6급) • 말하기, 듣기, 읽기, 쓰기 영역 평가
KPE (Korean Proficiency Examination)	한국어	(주)YBM 시사	• 대학 수학 및 취업 목적 한국어능력 평가 • 6등급(1급~6급) • 말하기, 듣기, 쓰기, 읽기 영역 평가
SKA (Sejong Korean language Assessment)	한국어	세종학당재단	• 일상, 관광, 취업, 비즈니스 관련 기초 및 실용 목적 한국어 능력 평가 • 일상생활에서 사용 가능한 초중급 수준의 평가 • SKA1(기초한국어: 초급), SKA2(실용한국어 중급): 총 8개 등급(기초 한국어 1~4급, 실용 한국어 1~4급) • 이해 영역(듣기, 읽기), 표현 영역(쓰기, 말하기) 평가
TOEFL (Test of English as a Foreign Language)	영어	ETS (Educational Testing Service)	• 대학 수학 목적 • 기관에서 단체 응시하는 ITP를 제외하고 현재는 iBT TOEFL로 운영 • 점수제 • 말하기, 듣기, 쓰기, 읽기 영역 평가
TOEIC Speaking (Test of English for International Communication Speaking)	영어	ETS (Educational Testing Service)	• 일상 대화, 비즈니스 영어 회화 능력, 업무, 사회생활 관련 능력 평가 • 국제적 근무 환경에서의 말하기 능력 평가 • 총 11개의 말하기 평가 문항으로 구성됨 • 점수제이나 해당 점수는 다시 1~8레벨로 나뉨

평가 도구	평가 언어	주관 기관	개요
IELTS (International English Language Testing System)	영어	British Council, IDP: IELTS Australia, Cambridge Assessment English 공동 주관	• 대학 수학, 이민, 취업 목적 • 말하기는 원어민 시험관과 1:1 면접 방식으로 진행(도입 및 인터뷰, 개인별 스피치, 쌍방 토론) • 점수제(말하기의 경우 유창성, 논리적 일관성, 어휘 사용범위, 문법 사용범위, 정확성, 발음에 대해 9점 만점으로 0.5점 단위로 채점됨) • 말하기, 듣기, 쓰기, 읽기 영역 평가
HSKK (Hanyu Shuiping Kouyu Kaoshi)	중국어	중국국가한판	• 중국어 말하기 능력 평가(국제 중국어 능력 표준화 시험) • 일상생활, 대학 수학, 직업 목적 • HSKK 초급(1급, 2급), HSKK 중급(3급, 4급), HSKK 고급(5급, 6급)
DELF/DALF (Diplôme d'Etudes en Langue Française/Diplôme Approfondi de Langue Française)	프랑스어	프랑스 교육부	• 프랑스어 공인 인증 자격증(평생 유효) • 대학 입학 시 인정됨 • 응시자의 연령별로 3종류로 분류됨 : DELF Prim(초등학생), DELF Junior(중고등학생) 및 DELF DALF tout public(일반 및 C1/C2 수준의 고등학생) • 유럽공통참조기준(CEFR)에 따라 6단계로 분류: DELF A1, DELF A2, DELF B1, DELF B2, DALF C1, DELF C2, • 단체시험(청취, 독해, 작문), 개별 시험(구술능력평가)
ZD (Zertifikat Deutsch)	독일어	독일(Goethe Institut), 오스트리아(Österreichschern Sprachdiplom: ÖSD), 스위스(die Schweizer Erziehungsdirektorenkonferenz: EDK) 공동 주관	• 일상생활 및 은행 업무 등 특수 상황에의 대처 능력 요구 • 청소년 및 성인 대상 평가 • 유럽공통참조기준(CEFR)의 B1에 해당하는 언어 능력 평가 • 말하기, 듣기, 쓰기, 읽기 영역 평가
DELE (Diplomas de Español como Lengua Extranjera)	스페인어	스페인 Instituto Cervantes	• 스페인 교육부의 이름으로 Instituto Cervantes가 수여하는 공인 자격증 • 유럽공통참조기준(CEFR)에 따라 6단계로 분류: DELE A1, DELE A2, DELE B1, DELE B2, DELE C1, DELE C2 • 말하기, 듣기, 쓰기, 읽기 영역 평가

위 표는 한국어 숙달도 평가 도구인 TOPIK, KPE, SKA, 영어 숙달도 평가 도구인 TOEFL, TOEIC Speaking, IELTS, 중국어 숙달도 평가 도구인 HSKK, 프랑스어 숙달도 평가 도구인 DELF/DALF, 독일어 숙달도 평가 도구인 ZD 그리고 스페인어 숙달도 평가 도구인 DELE 등 총 10개를 조사한 내용이고 이들은 모두 말하기 숙달도 평가를 수행하고 있는 도구이다. 이 중 한국어 숙달도 평가 도구의 경우 TOPIK과 KPE는 대학 수학 및 취업 목적 평가이고, SKA는 일상, 관광, 취업, 비즈니스 관련 기초 및 실용 목적 평가 도구이다. 영어의 경우 TOEFL은 대학 수학 목적, IELTS는 대학 수학 목적 및 이민, 취업 목적 그리고 TOEIC Speaking은 일상 대화, 비즈니스 회화 능력, 업무, 사회생활 관련 능력 평가 목적으로 개발된 도구이다. 중국어의 경우 HSKK는 일상생활, 대학 수학, 직업 목적 평가 도구로서 국제 중국어 능력 표준화 시험의 기능을 하는 중국어 말하기 능력 평가이다. 프랑스어의 DELF/DALF는 대학 입학 시 인정되는 프랑스어 공인 인증 자격시험이고, 독일어의 ZD는 일상생활 및 은행 업무 등 특수 상황에서의 대처 능력을 평가하는 청소년 및 성인 대상 평가 도구이다. 스페인어의 DELE는 스페인 교육부의 이름으로 공인 자격증을 수여하는 스페인어 공인 인증 시험이다. 그밖에 평가 주관 기관, 등급제 및 점수제 관련 정보, 평가 영역과 같은 세부 내용은 〈표 10〉의 내용을 참조하길 바란다.

이러한 국내외 숙달도 평가 도구에 대한 이해를 바탕으로 특히 '말하기' 숙달도 평가의 측면에서 주요 말하기 평가 도구들은 어떠한 평가 구인을 설정하고 있는지를 살펴보고자 한다. 다음은 한국어 말하기 평가 도구인 TOPIK, KPE, SKA, 독일어 말하기 평가 도구인 ZD, 프랑스어 말하기 평가 도구인 DELF/DALF 그리고 영어 말하기 평가 도구인 OPI, IELTS, TOEFL iBT의 말하기 평가 구인이다.

〈표 11〉 언어권별 말하기 평가의 구인[6]

공통 구인 / 언어권별 평가도구	기능 및 과제 수행	발음과 유창성	어휘	문법	조직	내용	기타
TOPIK (한국어)	과제 수행	발음, 억양, 발화 속도	어휘 및 표현 (정확성, 다양성, 적합성)		담화	내용	
KPE (한국어)	기능	음운 (발음, 억양, 띄어 말하기)	어휘	문법	담화		사회문화적 능력(공손법, 사용역)
SKA (한국어)		발음, 억양, 유창성	어휘	문법			어투
ZD (독일어)	문제해결 능력	발음, 억양		형식적 정확성		표현	
DELF/DALF (프랑스어)		시험자와의 대화-음운 체계 구사	시험자와의 대화-어휘 (범위와 숙달도)	시험자와의 대화-형태 통사			감정 유지 상호작용 활동 견해 표현
OPI (영어)	기능 및 언어 과제 수행			정확성	담화 형태	내용과 문맥	
IELTS (영어)		유창성	어휘 자원	문법적 범위, 정확성	응집성		이해력
TOEFL iBT (영어)		전달	언어 사용		주제 전개		

위에 제시된 〈표 11〉에 의하면 한국어 평가 도구 TOPIK의 경우 과제 수행, 발음, 억양, 발화 속도, 어휘 및 표현, 담화, 내용과 같은 평가 구인을 설정하였고[7), KPE의 경우는 기능, 음운, 어휘, 문법, 담화, 사회문화적 능력을 평가

---

6) 2019년 세종학당재단 숙달도 평가 도구 개발 연구 사업 최종보고서(강승혜 외, 2019)의 내용을 기반으로 추가, 보완 정리하였다.

구인으로 설정하였다. SKA의 경우는 발음, 억양, 유창성, 어휘, 문법, 어투를 말하기 평가 구인으로 설정하고 있다. 또한 독일어 ZD의 경우 문제 해결 능력, 발음, 억양, 형식적 정확성, 표현을 평가 구인으로 설정하였고, 프랑스어 DELF/DALF의 경우 수험자와의 대화에서 음운 체계 구사, 어휘, 형태, 통사적인 측면을, 감정 유지 상호작용 활동에서 견해 표현의 측면을 평가 구인으로 설정하고 있다. 영어의 경우 OPI는 기능 및 언어 과제 수행, 정확성, 담화 형태, 내용과 문맥을 평가 구인으로 설정하였고, IELTS에서는 유창성, 어휘 자원, 문법적 범위, 정확성, 응집성, 이해력을 말하기 평가 구인으로 설정하고 있다. 또한 TOEFL iBT에서는 전달, 언어 사용, 주제 전개를 말하기 평가 구인으로 설정하고 있다. 이러한 내용을 바탕으로 살펴볼 때 한국어, 독일어, 프랑스어, 영어 말하기 숙달도 평가 도구에서 수험자의 말하기 능력을 평가하기 위해 측정하는 구체 내용은 일정한 공통점을 발견할 수 있다. 그 내용을 살펴보면, 국내외에서 시행 중인 말하기 숙달도 평가 도구의 구인은 크게 보아 '기능 및 과제 수행', '발음과 유창성', '어휘', '문법', '조직', '내용'과 관련된 범주로 나누어진다. 이러한 구인들은 평가 도구에 따라 개별 구인들이 상위 범주로 묶이거나 하나의 범주가 더욱 상세하게 구분되기도 하나 이들이 의미

---

7) TOPIK 말하기 평가 요소는 '내용 및 과제 수행, 언어 사용, 발화 전달력'의 세 가지 요소를 평가하며 구체적인 내용은 다음 표에서 보는 바와 같이 말하기의 중요한 요소들 즉, 발음, 어휘와 표현 그리고 담화의 조직성과 과제와의 적절성 등을 평가한다고 할 수 있다(양세정, 2023: 541).

〈TOPIK 말하기 평가 요소〉

평가 요소	내용
내용 및 과제 수행	과제에 적절한 내용으로 표현하였는가? 주어진 과제를 풍부하고 충실하게 수행하였는가? 담화 구성이 조직적으로 잘 이루어졌는가?
언어 사용	담화 상황에 적합한 언어를 사용하였는가? 어휘와 표현을 다양하고 풍부하게 사용하였는가? 어휘와 표현을 정확하게 구사하였는가?
발화 전달력	발음과 억양이 어느 정도 이해 가능한가? 발화 속도가 자연스러운가?

하는 내용에는 일관된 공통점이 있다.

　이 책에서는 국내외 주요 언어권별 말하기 숙달도 평가 구인과 관련된 고찰을 기반으로 연세대학교 한국어학당에서 개발한 온라인 한국어 숙달도 평가 도구의 말하기 평가 구인을 살펴보고자 한다. 연세대학교 한국어학당은 1959년 설립 이래 지속적으로 말하기 평가 경험을 축적해 왔고 2008년에는 (주)YBM시사와 함께 한국어능력시험 KPE를 개발, 시행 중이다. 2008년 당시에는 국내에서 최초로 한국어 말하기 숙달도 평가 도구를 개발하여 실시한 것이고, 2020년에는 말하기 평가를 포함하는 온라인 한국어 숙달도 평가 도구를 단독으로 개발하여 2회의 모의평가 및 1회의 말하기 평가 시범 워크숍을 진행하였다. 연세대학교 한국어학당에서 2020년에 개발한 연세 한국어 온라인 평가 도구에서는 아래 표에 제시한 바와 같이 내용, 조직, 표현, 전달이라는 총 네 개의 상위 범주를 설정하였다. 내용 범주에서는 적합성과 풍부성을 평가하고, 조직 범주에서는 체계성과 응집성을, 표현 범주에서는 정확성과 다양성을 그리고 전달 범주에서는 발음 및 억양과 속도를 각각 평가한다.

〈표 12〉 연세대학교 한국어학당 말하기 숙달도 평가 구인(김성숙 외, 2020)

평가 범주	평가 요소
내용	적합성
	풍부성
조직	체계성
	응집성
표현	정확성
	다양성
전달	발음 및 억양
	속도

'내용'은 질문에서 요구하는 과제 수행에 필요한 내용이 발화에 모두 포함되

어 있는지 여부와 이러한 내용이 구체적으로 풍부하게 포함되어 있는지 여부를 측정한다. 다음으로 '조직'은 질문에서 요구하는 내용을 담화 격식에 맞게 체계적으로 발화했는지 여부와 다양한 결속장치를 사용하여 내용을 잘 연결했는지 여부를 측정한다. '표현'은 주로 어휘와 문법 능력에 관한 것으로 어휘와 문법을 정확하고 적절하게 사용했는지 여부와 이들을 다양하게 사용했는지 여부를 측정한다. 마지막으로 '전달'은 음운과 유창성에 관한 범주로서 발음이 정확하고 억양이 자연스러운지의 여부와 머뭇거림 없이 해당 숙달도 수준에 맞게 유창하게 말하는지 여부를 측정한다.

이 네 개의 범주 설정은 앞에서 살펴본 국내외 주요 언어권별 말하기 숙달도 평가 구인과 비교해 볼 때 그들에게서 발견된 공통 구성 요인, 즉 '기능 및 과제 수행', '발음과 유창성', '어휘', '문법', '조직', '내용' 중 '조직', '내용'이 일치함을 알 수 있다. 또한 '표현'의 경우 하위 평가 요소로서 어휘와 문법을 정확하고 다양하게 사용했는지를 평가하므로 주요 언어권별 말하기 숙달도 평가의 공통 구인들 중 '어휘', '문법' 항목과 연결된다. 마지막으로 '전달'의 경우 하위 평가 요소로서 발음 및 억양과 속도를 측정하므로 주요 언어권별 말하기 숙달도 평가의 공통 구인들 중 '발음과 유창성' 항목과 연결됨을 확인할 수 있다. 이로써 연세대학교 한국어학당의 말하기 숙달도 평가 구인이 주요 언어권별 말하기 숙달도 평가 구인과 대체로 일치함을 알 수 있다.

4. 말하기 평가 문항 유형

본 절에서는 한국어 말하기 숙달도 평가 문항 유형에 대해서 살펴보고자 한다. 이를 위해 영어권과 한국어권에서 가장 대표적인 제2언어 말하기 숙달도 평가 도구 중 TOEFL, TOEIC Speaking, OPIc의 영어 말하기 평가 문항 유형과 TOPIK, KPE의 한국어 말하기 평가 문항 유형을 중심으로 살펴보고자 한다.

먼저 TOEFL의 말하기 평가 문항 유형에 대해 살펴보자. TOEFL의 경우 현재

iBT 방식으로 시험이 진행되고 있는데 문항 유형은 친숙한 주제에 관해 개인적 의견 말하기 2개 문항, 읽고 들은 내용을 바탕으로 문제에 답변하기 2개 문항 그리고 들은 내용을 바탕으로 문제에 답변하기 2개 문항으로 구성되어 있다.

〈표 13〉 TOEFL 문항 구성

분류	문항 유형	문항 수	준비 시간	답변 시간
독립형	친숙한 주제에 관해 개인적 의견 말하기	2	15초	45초
통합형 (읽기/듣기/말하기)	읽고 들은 내용을 바탕으로 문제에 답변하기	2	30초	60초
통합형 (듣기/말하기)	들은 내용을 바탕으로 문제에 답변하기	2	20초	60초

다음은 TOEIC Speaking의 말하기 숙달도 평가 문항 유형이다. TOEIC Speaking의 경우 총 6개 파트로 구성되어 있는데 문항 유형은 문장 읽기, 사진 묘사, 듣고 질문에 대답하기, 제공된 정보를 사용하여 질문에 답하기, 해결책 제안하기 그리고 의견 제시하기로 구성되어 있다.

〈표 14〉 TOEIC Speaking 문항 구성

번호	파트	문항 유형	문항 수	준비 시간	답변 시간
1~2	1	문장 읽기	2	각 45초	각 45초
3	2	사진 묘사	1	45초	45초
4~6	3	듣고 질문에 답하기	3	각 3초	4번: 15초 5번: 15초 6번: 30초
7~9	4	제공된 정보를 사용하여 질문에 답하기	3	정보 읽는 시간: 45초 답변 준비 시간: 각 3초	7번: 15초 8번: 15초 9번: 30초
10	5	해결책 제안하기	1	45초	60초
11	6	의견 제시하기	1	30초	60초

다음으로 OPIc(Oral Proficiency Interview-Computer)[8]은 기존의 전화 인터뷰인 OPI(Oral Proficiency Interview)[9]를 컴퓨터화한 시험으로 전체가 IBT 방식임에도 반응적·상호작용적 말하기 유형들이 제시된다. 문항 수가 12~15개로 비교적 많은 편이지만 개인 배경 조사 단계에서 수험자가 응답한 설문 내용을 기초로 하여 개인별 문항이 출제된다. 이와 같은 개인 맞춤형 말하기 숙달도 평가 문항 유형은 다음과 같이 질문과 응답하기, 인터뷰, 역할극(role play) 이렇게 세 가지만이 출제되고 있다.

---

8) OPIc(Oral Proficiency Interview-Computer)은 면대면 인터뷰인 OPI(Oral Proficiency Interview)를 최대한 실제 인터뷰와 유사하게 만든 IBT 기반의 응시자 친화형 외국어 말하기 평가 도구이다. 평가 영역은 Global Tasks/Functions, Context/Content, Accuracy/Comprehensibility, Text Type 등 4개에 걸쳐 언어 능력을 측정하며 문법, 어휘, 발음 등의 요소는 이러한 평가 영역 중 한 영역에 포함된 요소로 간주된다. OPIc은 특정 분야에 치우치지 않은 총체적이고 다면적인 언어 수행 능력을 평가하는 시험으로 평가 방식은 응시자의 녹음 내용이 ACTFL 공인 평가자에게 전달되며 이는 'ACTFL Proficiency Guidelines Speaking(Revised 2012)'의 말하기 기준에 따라 절대 평가되어 Novice Low에서 Advanced Low까지 7개 등급 중 적절한 등급을 부여받게 된다. 평가 절차는 1단계 배경 조사(Background Survey), 2단계 자기 평가(Self Assessment), 3단계 준비(Setup), 4단계 예시 문항(Sample Question), 5단계 시험 시작(Begin Test)으로 구성된다. 평가 소요 시간은 60분(OT 20분, 본시험 40분)이다. (출처: OPIc 공식 홈페이지 https://www.opic.or.kr)

9) OPI(Oral Proficiency Interview)는 ACTFL이 40년간 발전시켜 온 1:1 인터뷰 방식의 언어 말하기 평가로, 국내에서는 ACTFL 공인평가자와의 전화 인터뷰로 시행되고 있다. 평가의 질문 내용은 본인 및 가족, 회사 업무, 취미, 관심사, 정치, 사회적 이슈 등 다양하게 구성되어 있으며, 평가 후반부에는 Role Play를 통해 언어적 순발력을 평가한다. 평가 시간은 약 30분이고 평가 등급은 10개 등급(Novice Low ~ Superior)으로 구성된다. OPI는 OPIc과 동일한 질문 유형 및 평가 Guideline이 적용된다. OPI는 응시자와 평가자 간의 1:1 전화 인터뷰로 시험이 진행되어 응시 인원과 시간에 제약이 따를 수밖에 없는데, 이러한 제약을 극복하기 위해 컴퓨터를 기반으로 많은 인원이 응시할 수 있도록 개발된 시험이 OPIc이라고 할 수 있다. 따라서 진행 방법에 차이가 있을 뿐 평가 기준과 내용은 동일하다. (출처: OPIc 공식 홈페이지 https://www.opic.or.kr)

〈표 15〉 OPIc 문항 유형(서영민, 2020: 83 참조)

문항 유형	분석 기준	세부 분석
질문과 응답하기	유형 범주	반응적 말하기
	투입 자료	없음
	답변 성격	개방형
	문제 출제 형식	IBT, 녹음된 음성으로 출제
인터뷰	유형 범주	상호작용적 말하기
	투입 자료	없음
	답변 성격	개방형
	문제 출제 형식	IBT, 녹음된 음성으로 출제
역할극	유형 범주	상호작용적 말하기
	투입 자료	없음
	답변 성격	구조화
	문제 출제 형식	IBT, 녹음된 음성으로 출제

다음은 한국어 말하기 숙달도 평가 중 현재 시행 중인 TOPIK의 말하기 숙달도 평가 문항 유형이다. TOPIK의 경우 다음과 같이 6개 문항으로 구성되어 있는데 각 문항 유형은 질문에 답하기, 그림 보고 역할 수행하기, 그림 보고 이야기하기, 대화 완성하기, 자료 해석하기, 의견 제시하기이다.

〈표 16〉 TOPIK 말하기 숙달도 평가 문항 유형

문항	문항 유형	문항 수	준비 시간	답변 시간
1	질문에 답하기	1	20초	30초
2	그림 보고 역할 수행하기	1	30초	40초
3	그림 보고 이야기하기	1	40초	60초
4	대화 완성하기	1	40초	60초
5	자료 해석하기	1	70초	80초
6	의견 제시하기	1	70초	80초

다음은 KPE(한국어능력시험)의 말하기 평가 문항 유형이다. KPE는 총 10개 말하기 평가 문항으로 구성되어 있는데, 질문에 대답하기, 그림을 보고 설명하기, 질문하기, 설명하기, 문제 해결하기, 연속된 그림 보고 이야기하기, 의견 말하기, 도표나 그래프 보고 말하기, 발표하기, 토론하기의 문항 유형으로 구성되어 있다.

〈표 17〉 KPE 말하기 숙달도 평가 문항 유형

문항	문항 유형	문항 수	준비 시간	답변 시간
1	질문에 대답하기	1	없음	각 15초
2	그림을 보고 설명하기	1	30초	60초
3	질문하기	4 (한 대화 당 2개 문항)	각 대화 당 30초	각 15초
4	설명하기	1	30초	90초
5	문제 해결하기	1	60초	50초
6	연속된 그림 보고 이야기하기	1	40초	90초
7	의견 말하기	1	40초	90초
8	도표나 그래프 보고 말하기	1	40초	90초
9	발표하기	1	90초	150초
10	토론하기	1	90초	150초

5. 말하기 평가의 채점 체계

대규모 숙달도 평가에서는 채점 신뢰도를 높이고 복수의 채점을 수행하기 위해서 응시자의 녹음 파일이나 녹화 파일을 듣거나 보면서 채점하는 경우가 대부분이다. 말하기 평가에서의 채점 절차는 채점자 선정에서 시작하여 채점자 훈련, 채점 조건의 설정, 실제 채점, 채점 결과 분석, 등급 부여 및 판정의 순서로 진행된다. 채점자 훈련은 개별 채점자의 엄격성을 비슷한 수준으로 맞추고 일관성을 유지하는 데에 효과가 있다. 채점자 훈련 과정에서 중요한 것은 표준화 과정(Standardization)으로 채점자 간에 일치하지 않는 평가의 기준을 하나로 맞추는 과정에 해당한다. 실제로 채점이 진행되면 개별 채점자의 환경 등과 같은 채점 조건이 최적화되도록 하고 표준화 과정에서 동일한 채점 기준이 일관성 있게 채점에 적용되는지를 점검하는 관리 작업(Moderation)이 필요하다. 채점이 끝난 후에는 채점 결과에 대한 분석이 이루어지는데 채점자 내 신뢰도 검증을 위한 채점 일관성에 대한 부분과 채점자 간 신뢰도 검증을 위한 채점 엄격성에 대한 부분이 분석된다. 채점 결과에 대한 분석이 끝나면 응시자에 대한 최종 성적이나 등급이 부여된다(김지영, 2018: 22).

이와 같은 채점 시스템을 O'Sullivan(2012: 240)은 다음과 같이 표로 정리하였다.

〈표 18〉 말하기 평가의 채점 시스템(O'Sullivan, 2012: 240)

단계	내용
채점자 훈련	채점자 훈련은 채점 엄격성, 일관성, 기준 등을 유지하는 능력을 향상시키는 데에 효과가 있다.
표준화	채점자는 기준(이를테면, 합격선이나 불합격선)을 내재화할 것으로 기대되는데 이는 표준화 절차를 통해 점검되어야 한다.
채점 조건	모든 채점/평가는 최적의 조건에서 이루어져야 한다. 가능하면 모든 채점자가 최선을 다해 채점할 수 있는 동일한 기회를 가질 수 있도록 이를 위한 기준을 설정해야 한다.
조정(관리)	여기에는 채점자들이 채점 기준을 유지하도록 하기 위해 채점자의 수행을 모니터링하는 것이 포함된다.
결과 분석	모든 채점자의 채점 결과에 대한 통계 분석은 채점자가 너무 엄격/관대하거나 일관된 방식으로 채점하지 않아서 개별 응시자가 공정하지 않은 평가를 받지 않도록 하기 위한 것이다. 이는 전통적으로 신뢰도(점수나 등급 체계의 타당성)로 간주되는 채점 타당도의 일부이다.
채점자	응시자에 대해 논의할 때 동일한 특징(신체적, 정신적, 경험적 특징)에 관해 채점자들에 대해서도 고려해야 한다.
등급 부여 및 판정	최종 성적이 어떻게 측정되고 보고되는지를 설명하는 시스템은 공정성을 보장하기 위해 가능한 한 명시적으로 작성되어야 한다. 이는 대개 결과에 대한 통계 분석과 테스트 자체에 대한 질적 분석 조합으로 이루어진다.

채점의 실제 수행과 관련하여 공개되어 있는 ETS의 방침에 따르면 TOFEL의 말하기와 쓰기 영역은 서로의 평가 내역을 알 수 없는 두 명의 채점관이 무작위로 채점한다. 각 채점관의 점수가 한 질문에 3점 이상 차이가 날 경우 해당 채점은 무효가 되며 해당 수험자의 말하기와 쓰기는 또 다른 두 명의 채점관이 다시 채점하도록 되어 있다. 두 채점관의 점수가 같으면 공통된 점수, 1점 차이면 더 높은 점수, 2점 차이면 두 점수의 사이 점수를 받게 된다. 예를 들어 15점 만점의 독립형 에세이에 채점관 A가 12점, 채점관 B가 10점을 주면 11점이 매겨진다. 그러나 채점관 A가 12점을 줬는데 채점관 B가 9점을 주면 무효 처리되고 다른 채점관들이 다시 채점하도록 한다.

　한국어 말하기 숙달도 평가에서도 이와 같은 방식을 현장의 상황에 맞게 절충적으로 고려해 볼 수 있다. 예를 들어 서로의 평가 내역을 알 수 없는, 무작위로 배정된 채점자 두 명이 채점을 진행하되 두 채점자 간의 점수 차이가 일정한 기준을 넘어설 경우 이를 조정하는 제3의 숙련된 채점자가 배정되어 재채점을 수행하도록 하는 방식 등이다.

한국어 말하기
숙달도 평가의 실제

이 장에서는 말하기 숙달도 평가를 실제로 수행하는 방법을 사례를 들어 구체적으로 설명한다. 이를 위해 말하기 능력 평가의 구성 요인인 발화의 내용, 조직, 표현, 전달의 측면에서 응답자의 발화가 어떻게 채점되는지를 고찰한다.

√ 시험 장소에서 발화된 내용은 이후 어떻게 평가되는가?

√ 발화 내용의 조직성은 어떤 기준으로 평가되어야 할까?

√ 동일한 유형의 표현 오류는 매번 감점해야 할까? 한 번의 오류로 평가해야 할까?

√ 발화 전달의 유창성에는 어떤 요인들이 영향을 미칠까?

이 장에서는 한국어 말하기 숙달도 평가를 수행하는 방법에 대해 구체적으로 살펴보고자 한다. 이를 위해 2023년 연세대학교 언어연구교육원 한국어학당에서 수행한 한국어 평가 전문 교원 양성 교육과정 및 워크숍 모형 개발 연구의 최종 보고서에 제시된 평가 기준을 바탕으로 각 평가 구인이 숙달도별 문항에 따라 어떤 방법으로 채점될 수 있는지를 사례를 들어 살펴보고자 한다. 다음은 연세대학교 한국어학당 한국어 말하기 숙달도 평가 기준이다. 김성숙 외(2023)에서는 평가 구인을 '평가 범주'라는 용어로 사용하였고 하위 평가 구인을 '평가 요소'라는 용어로 지칭하였기에 이 책에서는 해당 연구 내용을 인용할 경우 그 연구에서 사용된 용어로 지칭하기로 한다. 아래 표와 같이 연세대학교 한국어학당 한국어 말하기 숙달도 평가 범주는 내용, 조직, 표현, 전달의 네 가지 영역으로 구성되고 각 범주별 평가 요소는 다음과 같다.

〈표 19〉 한국어 말하기 숙달도 평가 기준(김성숙 외 2023: 8)

평가 범주	평가 요소	세부 평가 내용
내용	적합성	문항이 제시한 과제 수행에 필요한 내용을 모두 발화하였는가?
	풍부성	화제에 대한 예를 들거나 부연 설명을 하여 내용을 구체적으로 구성하였는가?
조직	체계성	내용을 담화 격식에 맞게 기-서-결 체계로 구성하였는가?
	응집성	다양한 결속 장치를 사용하여 내용을 긴밀하게 연결하였는가?

평가 범주	평가 요소	세부 평가 내용
표현	정확성	어휘와 문법을 정확하고 적절하게 사용하였는가?
	다양성	어휘와 문법을 다양하게 사용하였는가?
전달	발음 및 억양	발음이 정확하고 억양이 자연스러운가?
	속도	머뭇거림 없이 적절한 속도로 유창하게 말하는가?

다음 절에서는 이러한 평가 기준을 적용하여 각 평가 요소별로 실제로 어떻게 채점이 수행될 수 있는지 구체적으로 설명하고자 한다.[10]

1. 발화의 내용

수험자의 응답 발화에서 '내용' 측면에서는 어떤 점을 평가해야 할까? 주어진 문항에 대해 목표어로 잘 대답했다는 것은 내용적인 측면에서 어떤 점이 제대로 구현되었다는 것일까? 본 말하기 평가 기준에서 '내용'은 '적합성'과 '풍부성'이라는 두 가지 측면으로 나누어 측정된다.

1.1. 적합성

적합성은 응답 발화에 질문에서 요구하는 과제 수행에 필수적인 내용을 모두 포함하고 있는지 여부를 기준으로 측정된다. 즉, 내용 적합성이란 '문항에서 제시한 과제를 수행하는 데 필요한 내용을 모두 발화하였는가?'를 의미한다. 다음 사례에서 적합성이 어떻게 평가될 수 있는지 살펴보자.

---

10) 이하 말하기 채점 사례 설명을 위해 인용한 문항 관련 자료 및 학습자 발화 전사 자료는 김성숙·정여훈·조인옥·한상미·박경희·박혜란·임지숙·정지은·송미현(2023)에서 수행한 한국어 평가 전문 교원 양성 교육과정 및 워크숍 모형 개발 과제에서 사용한 자료를 인용하되 여기에 이 책에서 추가한 설명을 넣어 기술하였음을 밝힌다.

(1) 문항 사례

*문제를 듣고 20초 동안 준비하십시오. 삐 소리가 나면 50초 동안 이야기하십시오.

1. 고향이 어디입니까? 무엇이 유명합니까? 고향을 소개하십시오.

> - 고향 이름   - 고향에서 유명한 것 (2개)

위 문항은 1급의 숙달도 수준에 해당하는 문항으로 주어진 주제(고향)에 대해 소개하는 내용이다. 응답자는 자신의 고향 이름과 자신의 고향에서 유명한 것을 두 개 말해야 한다. 답변 방법은 문제를 듣고 20초 동안 답변을 준비한 후 삐 소리가 들리면 50초 동안 대답하는 것이다. 위 문항에 대해 예상되는 모범 답안은 다음과 같다.

> **모범 답안**
>
> 제 고향은 부산이에요. 부산에는 유명한 바다가 있어요. 바다 이름은 광안리예요. 광안리 바다는 크고 아름다워서 바다를 좋아하는 사람들이 많이 와요. 여름에는 수영을 할 수 있고 겨울에는 바닷가에서 산책을 할 수 있어요. 그리고 바다가 있는 곳이어서 생선 시장도 유명해요. 제일 유명한 시장은 자갈치 시장인데 거기에 가면 싱싱하고 싼 생선이 많이 있어요. 여기에서 여러 가지 생선도 구경하고 맛있는 회도 먹을 수 있어요. 제 고향은 재미있는 곳이니까 시간이 있으면 놀러 오세요.

위 문항에서 내용 적합성을 판단하는 기준은 다음과 같다.

〈표 20〉 내용 범주의 적합성 평가 기준

평가 범주		평가 척도	세부 평가 내용
내용	적합성	상(3)	세 가지 과제(고향 이름과 고향과 관련된 유명한 음식, 장소, 생산물 등 중에서 두 가지)를 모두 말한다.
		중(2)	세 가지 과제 중 한 가지가 없다.
		하(1)	세 가지 과제 중 두 가지가 없다.
		(0)	주제에 맞지 않거나 알아들을 수 없거나 대답이 너무 짧아 평가할 수 없다.

내용의 적합성은 상, 중, 하의 세 단계로 평가한다. 적합성 '상'의 경우 주어진 세 가지 과제(고향 이름 말하기, 자신의 고향에서 유명한 것 두 개 말하기)에 대해 고향 이름과 고향과 관련된 유명한 음식, 장소, 생산물 등 중에서 두 가지를 모두 말한 경우에 해당된다. '중'의 경우는 세 가지 과제 중 한 가지가 없는 경우에 해당된다. 마지막으로 '하'의 경우는 세 가지 과제 중 두 가지가 없는 경우에 해당되는데 만일 주제에 맞지 않거나 알아들을 수 없거나 대답이 너무 짧아 평가할 수 없을 경우에는 이 세 가지 단계에도 해당되지 않으므로 '0'점을 부여한다. 이러한 단계별 척도를 적용하여 아래와 같은 수험자의 응답 발화를 어떻게 채점할 수 있는지 살펴보도록 한다.

(2) 답변 사례

이 책에서는 이하 수험자의 응답 발화 예를 제시함에 있어서 김성숙 외(2023)에서 수행된 시범 사용 평가 자료를 인용하되 응시자의 개인 정보 보호를 위해 답변 음성 파일을 첨부하지 않고, 이를 초벌 전사 후 3차에 걸쳐 정밀 전사한 전사 자료를 제시하였음을 밝힌다.[11] 다만 출판용으로 음성 자료

---

11) 이 책에 제시된 응답 발화의 음성 자료는 연구용으로 채집된 것이므로 해당 목적에 맞게 연구자들이 보유하고 있음을 밝힌다.

사용을 허용한 두 명의 응시자의 경우 이 책에서 내용 해설을 위해 필요한 부분에서 큐알 코드 방식으로 응답 발화의 음성을 제시하였다. 전사 자료는 수험자의 발화 오류가 있어도 들리는 그대로 제시하였고, 내용 설명을 위해 필요한 경우 밑줄이나 기호를 사용하여 해당 내용을 기술하였다. 또한 발화 속도, 억양 등의 채점 근거 설명을 위해 필요한 경우 휴지 시간이나 억양을 나타내는 기호(↗, ↘) 등을 넣어 제시하였다.

다음은 이 책에서 사용한 전사 기호의 예이다. 여기에는 Schiffrin(1994: 424~431)에 제시된 Jefferson(1979)의 전사 기호를 사용하되 필요한 경우 이 책의 내용에 맞게 응용하여 사용하였다.

〈표 21〉 응답 발화 전사 기호 예시

기호	설명
진하게	강조된 말(이탤릭체로 진하게 표시)
:::	길게 발음(':'는 길게, '::'는 더 길게, ':::'는 아주 길게)
.	문장 끝의 내림 어조
?	질문의 오름 어조
!	감탄조
↗	질문이 아닌 오름 어조
↘	문장 끝이 아닌 내림 어조
(( ))	사건의 정황이나 비언어적 행위
(0.0)	휴지 시간(0.5초 단위)
(???)	알아들을 수 없는 말
……	말줄임
○○	인명 표시
Ø	생략
＿＿＿	평가 기준 관련 답변 내용
(√)	오류 수정 내용

다음은 위 문항에 대한 응답 발화의 예이다.

응답 발화 예 [1]

> 어:: 제 고향은 어:: <u>네덜란드:: 헤이그</u>[12]입니다. 어: 헤이그에서 어:: <u>바다가</u>
> <u>있습니다</u>. 어:: 그리고, 어::: 어((웃음)) 아: <u>공항도 있습니다</u>. 어::(1.0) 헤이그 날씨
> 가 어::: 덥지 않습니다. 어:: 어: ((웃음) 엄:: (1.5) 네, 어: 헤이그에서 어: 고향
> 친구들과 같이 어:: 고향((웃음)) 음식을((웃음)) (???) …….

위 문항에서 요구한 내용은 고향 이름을 말하고 그 고향과 관련된 유명한
것(예를 들어 음식, 장소, 생산물 등) 두 가지를 말하는 것이다. 위 응시자의
경우 고향 이름을 말했고(네덜란드 헤이그), 고향과 관련된 유명한 것을 두 가지
(바다가 있고, 공항도 있음) 모두 말하였다. 따라서 적합성의 측면에서 본 평가
기준에 의하면 '상'에 해당된다. 다음 사례를 살펴보자.

응답 발화 예 [2]

> 제 고향은 <u>몽골</u>입니다. 어, 제 고향 제, 제일 유명한 것이 어::: <u>별</u>이 하고／
> 어:: <u>말</u>이 너무 유명해요. 그리고 어: 몽골에서 어: 아름다운 곳이 많고 어, 사람이
> 음::(1.0) 많이 가요. 어::: 음:: 아름다운 경치가 많고／ 어::(2.0) 어: 어:: 유면한
> …….

이 발화에서 수험자는 고향 이름(예: 몽골의 울란바토르 등)을 말하는 대신
자신의 나라 이름(몽골)을 말했다. 이는 문항에 대한 정확한 대답을 발화한
[1]의 사례와 비교할 때 상대적으로 덜 정확한 답변이라고 볼 수 있으므로
감점 요인이 된다. 그러나 유명한 것에 대해 두 가지(별, 말)를 모두 말했다.

---

12) 향후 응답 발화 예에 표시된 밑줄 부분은 해당 평가 기준에 관련되는 답변 내용임을 밝힌다.
   예를 들어 이 발화 예의 경우 밑줄 부분(네덜란드 헤이그)은 내용 범주의 '적합성'을 충족하는
   답 관련 내용임을 표시한 것이다.

따라서 위의 평가 기준에 의하면 '세 가지 과제 중 한 가지가 없다'에 해당되어 내용 적합성은 '중'으로 평가된다.

적합성 평가에서 중요한 것은 학습자의 응답 내용이 질문의 내용에 전혀 적합하지 않을 경우 이를 처리하는 방법이다. 예를 들어 고향에 대한 질문을 하였는데 응시자가 직업에 대한 응답을 한다면 어떻게 해야 할까? 이 경우 해당 발화의 조직, 표현, 전달 등 측면에서 일정한 점수를 줄 수 있는 능력이 측정되더라도 0점으로 처리한다. 이는 수험자의 응답 내용이 질문 내용에 전혀 적합하지 않을 경우 각 평가 요소별로 불필요한 점수를 부과하는 문제를 지양하기 위함이다. 이러한 내용은 평가 기준표의 세부 평가 요소별 상세 내용에 반영시켜 놓았으나 채점의 용이성을 위해 다음과 같은 유의사항으로 첨부하도록 한다.

〈표 22〉 내용 적합성 평가 시 유의사항

평가 범주	평가 요소	내용
내용	적합성	각 문항에서 내용 적합성에 맞지 않는 대답은 각 평가 요소별 채점에서도 0점 처리함.

1.2. 풍부성

풍부성은 응답자의 발화에서 문항이 요구하는 과제 내용이 구체적으로 충분히 포함되어 있는지 여부로 측정된다. 즉, 내용 풍부성은 '화제에 대한 예를 들거나 부연 설명 등을 통하여 내용을 구체적으로 구성하였는가?'를 의미한다. 다음 사례에서 풍부성이 어떻게 평가될 수 있는지 살펴보자.

(1) 문항 사례

> *문제를 듣고 30초 동안 준비하십시오. 삐 소리가 나면 60초 동안 이야기하십시오.
>
> 2. 이번 방학 때 여행을 가려고 합니다. 어디로 가겠습니까? 여행을 가기 전에 무엇을
> 준비하겠습니까? 여행을 가서 무엇을 하겠습니까? 여행 계획에 대해 이야기하십시오.
>
> > – 여행을 갈 곳
> > – 여행을 가기 전에 할 일
> > – 여행지에서 할 일

위 문항은 주어진 주제에 대해 계획을 서술하는 2급 숙달도 수준의 문항이
다. 자신이 이번 방학 때 어디로 여행을 갈지, 가기 전에 무엇을 준비할지,
여행을 가서 무엇을 할지에 대해 말해야 한다. 답변 방법은 문제를 듣고 30초
동안 답변을 준비한 후 삐 소리가 들리면 60초 동안 대답하는 것이다. 위
문항에 대해 예상되는 모범 답안은 다음과 같다.

> 모범 답안
>
> 저는 제주도로 여행을 갈 거예요. 제주도만큼 아름다운 곳이 없다고 들었어요. 여행
> 을 가기 전에 준비할 것이 얼마나 많은지 몰라요. 먼저 여행지에 대한 정보를 알아봐야
> 해요. 제주도 날씨, 음식, 볼거리에 대해서 알아볼 거예요. 날씨가 어떤지 볼거리로
> 무엇이 있는지 알아보는 것은 중요해요. 그래야 재미있는 여행을 할 수 있으니까요.
> 그리고 싼 숙박 시설을 예약하고 비행기 표를 살 거예요. 또 제주도 날씨에 맞는
> 옷과 수영복, 카메라를 준비하고 두통약이나 소화제 같은 약도 준비할 거예요. 제주도
> 에 가서는 바다에서 수영을 하고 한라산에도 갈 거예요. 또 여행하면서 사진도 많이
> 찍고 맛있는 음식도 많이 먹을 거예요. 이렇게 준비하면 정말 즐겁고 재미있는 여행이
> 될 거예요.

위 문항에서 내용 평가 관련하여 풍부성을 판단하는 기준은 다음과 같다.

〈표 23〉 내용 범주의 풍부성 평가 기준

평가 범주		평가 척도	세부 평가 내용
내용	풍부성	상(3)	여행 계획 과정에서 필요한 정보, 준비 이유, 방법 중 두 가지 이상을 구체적으로 설명하여 내용이 풍부하다.
		중(2)	여행 계획 과정에서 필요한 정보, 준비 이유, 방법 중 한 가지를 구체적으로 서술하여 내용이 풍부하거나, 세 가지 중심 내용의 흐름을 묘사하였으나 내용이 간단하다.
		하(1)	여행 계획 과정에서 필요한 정보, 준비 이유, 방법 등에 대한 부연 설명이 거의 없다.
		(0)	주제에 맞지 않거나 알아들을 수 없거나 대답이 너무 짧아 평가할 수 없다.

위 문항에 대해 여행 계획 과정에서 필요한 정보, 준비 이유, 방법 중 두 가지 이상을 구체적으로 설명하여 내용이 풍부한 경우는 '상'으로 평가된다. 그러나 여행 계획 과정에서 필요한 세 가지 중 한 가지만을 구체적으로 서술하되 그 내용이 풍부하거나, 세 가지 중심 내용의 흐름을 묘사는 하였으나 내용이 간단한 경우 '중'으로 판정될 수 있다. 또한 여행 계획 과정에서 필요한 정보, 준비 이유, 방법 등에 대한 부연 설명이 거의 없을 경우 '하'로 판정된다. 아울러 주제에 맞지 않거나 알아들을 수 없거나 대답이 너무 짧아 평가할 수 없을 경우 '0'점을 부여한다. 다음과 같은 응답의 예를 들어 이러한 평가 기준이 적용된 사례를 살펴보자.

(2) 답변 사례

응답 발화 예 [3]

> 제가 이번 여행을 가고 싶은 곳은 프랑스입니다. 프랑스에 가기 전에는 <u>가방:에</u>
> <u>짐을 싸고, 비행기표를 사야 됩니다.</u> 아:: 프랑스에 가서 제가 제일 하고 싶은
> 것은 <u>파리에 가서 아이펠타워에 있는 계단을 올라가고 싶습니다. 왜냐하면 경치가</u>
> <u>아주 좋다고 들어봤습니다.</u> 그리고 나서 어, 기찰 타서 노르망디에 가서 해수영을
> 하고 싶습니다. <u>노르망디에서는, 어:: 2차 전쟁 때 중요했던 곳이어서, 어: 2차</u>
> <u>전쟁 때 싸웠던 곳을 구경하고 싶습니다.</u> 어, 그리고 나서는(0.5) 니스에서 어,
> 구경도 하고 싶습니다. 어, 니스에서는, 어:: 니스에서, 니스는 프랑스의 남쪽에
> 있는 도시인데……

풍부성의 평가 기준은 여행 계획 과정에서 필요한 정보, 준비 이유, 방법
중 두 가지 이상의 내용을 구체적으로 설명했는지 여부이다. 위 수험자는
발화에서 여행 준비에 필요한 정보 즉, 여행 가기 전에 준비하는 것(가방에
짐을 싸고, 비행기표를 사야 됨)과 이러한 준비를 하는 이유, 즉 여행지에 가서
하고 싶은 것(파리에 가면 경치가 좋은 에펠 타워 계단에 올라가고 싶은 것, 2차
대전에서 중요한 곳인 노르망디를 구경하고 싶은 것)에 대해 비교적 상세하고 구체
적으로 설명하고 있다. 따라서 위 답변은 풍부성 면에서 '상' 수준으로 판정할
수 있다.

응답 발화 예 [4]

> 아, 이번 항, 방학 때 어, 저는 어, 일본에서 가려고 하고 싶(0.5)습니다. 그::
> 어:: 여, 여행을, 여행을 가기 전에 어, 그, 필요한 것을 먼저:: 준비::해야:: 하겠습니
> 다. 그: 먼저 <u>여권은(0.5) 준비했고(1.0)</u> 그 다음에(0.5) <u>예쁜 옷을, 고, 예쁜 옷을와</u>

카메라, 트른 카메라로 준비하겠습니다. 어, 그리고 그 여행을 가서 저는 오키나와 가고, 어, 얼, 얼, 얼마나 얼마나 가고 싶어서 그 경험이(1.0) 없, 없는데, 그, 이번 방학 때 가:: 가고, 하면 그 오키나와로 그, 맛있는 음식을 어, 먹으려고 해요. 네, 헤((웃음)).

풍부성이 '중'으로 판단되는 기준은 여행 계획 과정에서 필요한 정보, 준비 이유, 방법 중 한 가지에 대해서만 구체적으로 풍부하게 설명하거나, 세 가지 중심 내용에 대해 묘사했으나 내용이 간단한 경우이다. 이 발화의 경우 여행 가기 준에 준비할 것(여권, 예쁜 옷, 카메라)과 여행에서 하고 싶은 것(오키나 와에서 맛있는 음식 먹는 것)을 설명했으나 해당 정보에 대한 부연 설명이 없이 내용이 비교적 간단하다. 따라서 위 응답의 경우 풍부성 면에서는 '중' 수준으로 판정된다.

응답 발화 예 [5]

제가 이것, 이:: 방학에 어, 친구들과 같이 부산에 가려고, 싶어요. 어:: 부산에서 엄:: 어: 부산에서 아름다운 곳이 많고, 친구들과 같이 놀고 싶어요. 어:: 여행을 가기 전에 어엄:: 돈이 많이(1.5) 필요하, 해서↗ 아르바이트를 하고↗ 어:: 부산에 가요. 어엄:: 부산에 가서 제가(0.5) 어:: 훈대에 강, 훈대에 가고 싶어↗ 그리고 아름다운 곳이 가고 싶어요. 어:: 제 여행: 계획 음…….

풍부성이 '하'로 판단되는 기준은 여행 계획 과정에서 필요한 정보, 준비 이유, 방법 등에 대한 부연 설명이 거의 없는 경우이다. 이 발화의 경우 여행을 위한 준비 사항으로 여행을 가기 전에 돈이 필요해서 아르바이트를 하는 것, 여행에 가서 하고 싶은 것은 아름다운 곳에 가고 싶은 것으로 대답하였으나 그 내용이 매우 단순하고 이에 대한 구체적인 설명이 거의 부재하다. 30초 준비 및 60초 발화라는 동일한 수험 조건을 고려할 때 이 발화는 앞서 제시된 발화 [3]이나 발화 [4]의 사례와 비교할 때 응답의 구체성 및 부연 설명이 양의 측면에서 상대적으로 빈약하다. 따라서 이 경우 풍부성 측면에서 '하'의 수준으로 판정된다.

2. 발화의 조직

수험자의 응답 발화 중 '조직' 측면에 대해서는 어떤 점을 평가해야 할까? 특정 문항에 대한 수험자의 응답 발화가 '조직'의 측면에서 잘 구성되었다는 것은 구체적으로 어떤 특징이 있는 것일까? 본 말하기 평가 기준에서 '조직'은 '체계성'과 '응집성'이라는 두 가지 측면으로 나누어 측정된다.

2.1. 체계성

체계성은 문항에서 요구하는 내용을 응답자가 담화 격식에 맞게 체계적으로 발화했는지를 기준으로 측정된다. 즉, 응답 발화의 내용이 하나의 주제로 일관되게 모아지며 시작, 전개, 끝이라는 짜임새를 제대로 갖추고 있는지 여부를 살피는 것이다. 다음 사례에서 체계성이 어떻게 평가될 수 있는지 살펴보도록 하자.

(1) 문항 사례

*문제를 듣고 60초 동안 준비하십시오. 삐 소리가 나면 150초 동안 이야기하십시오.

5. '조기 교육'은 지능 발달이 빠른 학령기 이전의 어린이를 대상으로 일정한 교과과정에 따라 실시하는 교육을 말합니다. 예를 들면 6살 이전에 외국어나 수학 교육 등을 시키는 경우가 이에 해당됩니다. 이러한 교육 방식에 대해 찬성하는지 반대하는지 말하고 그렇게 생각하는 두 가지 근거를 말하십시오. 필요한 경우 아래 도표의 내용을 활용할 수 있습니다.

- 조기 교육에 대한 입장 말하기
- 두 가지 근거 말하기

위 문항은 특정 주제의 사회 문제에 대해 자신의 의견을 제시하는 5급 숙달도 수준의 문항이다. 따라서 응답자는 '조기 교육'에 대해 찬성하거나 반대하는 자신의 입장을 말하고 그러한 입장을 견지하는 근거를 두 가지 말해야 한다. 고급 수준의 한국어 숙달도를 가진 응시자가 배경지식의 차이 때문에 응답 발화의 질적 차이를 유발하지 않도록 응시자의 컴퓨터 화면에는 찬성과 반대의 근거가 위 그림처럼 제시되어 있다. 답변 방법은 문제를 듣고 60초 동안 답변을 준비한 후 삐 소리가 들리면 150초 동안 대답하는 것이다. 위 문항에 대해 예상되는 모범 답안을 찬성의 입장과 반대의 두 입장으로 나누어 살펴보면 다음과 같다. 다음은 찬성의 입장을 가정한 모범 답안이다.

모범 답안(① 찬성 발화 예시)

　저는 조기 교육에 대해 찬성합니다. 조기 교육에 찬성하는 첫 번째 이유는 조기 교육은 아이의 잠재력을 깨워서 아이가 가진 능력을 최대한 발휘할 수 있게 하기 때문입니다. 아이들마다 자신이 가진 능력이 모두 다르니만큼 자신의 내재된 능력을 찾아주고 발휘하게 하는 일은 무엇보다 중요한 일입니다. 아무리 선천적으로 뛰어난 능력을 가지고 태어났다고 한들 현실적으로 자신의 능력을 발휘할 기회를 갖지 못한다면 아무 소용이 없을 것입니다. 조기 교육은 아이들에게 자신이 가지고 있는 잠재된 능력을 발휘할 수 있도록 기회를 제공할뿐더러 안정된 성장과 발달을 이끌어 가게 해 주는 중요한 역할을 합니다. 그뿐만 아니라, 조기 교육을 통해 그 분야에 친숙함을 느끼게 되면서 흥미를 갖게 됩니다. 예를 들어 세계적인 천재 음악가들은 대부분 5살 전후로 음악을 시작하는 경우가 많은데 이 역시 조기 교육을 통해 자신의 역량을 발휘할 수 있는 기회뿐만 아니라 흥미를 갖게 되는 기회를 제공받았기 때문이라고 볼 수 있습니다.

　둘째, 조기 교육을 받은 아이들이 일반적으로 적기 교육을 받은 아이들보다 높은 습득력을 보입니다. 아이들의 뇌와 신체는 하루하루 성장해 가면서 완성되어 가는 과정에 있습니다. 이로 인해 외부 자극을 그대로 흡수하는 능력이 결정적 시기를 지난 아동들보다 훨씬 빠르고 뛰어납니다. 어떤 한 연구에 따르면 맹수가 위협하는 정글에서 자란 아이의 경우에는 처음에는 적응을 못하다가도 반년도 되지 않아서 스스로 나무를 탈 수 있을 정도로 빠른 습득력을 보였다고 합니다. 따라서 학령기 이전에 조기 교육을 시킨다면 학습적인 부분에서뿐만 아니라 인성적인 측면에서도 많은 양을 빠르게 흡수하게 되어 긍정적인 교육적 효과를 얻을 수 있습니다. 그러나 이러한 조기 교육을 시키는 과정에서 잊지 말아야 할 것은 교육을 시킴에 있어서 아이들의 의견을 무엇보다 존중해 주어야 한다는 것입니다. 즉, 조기 교육을 시키되 아이의 의사와 자유를 무시하고 무조건적으로 강요해서는 안 될 것입니다.

　요약하자면 저는 조기 교육이 아이들의 내재된 잠재력을 일깨워 주고 배운 것을 빠르게 받아들이게 하는 교육적 효과가 있다는 점에서 찬성합니다.

다음은 위 문항에 대해 반대의 입장을 가정한 모범 답안의 예시이다.

모범 답안(② 반대 발화 예시)

 저는 조기 교육에 대해 반대합니다. 조기 교육에 반대하는 첫 번째 이유는 조기 교육은 어린 아이들에게 학업에 대한 스트레스를 주기 때문입니다. 아시다시피 최근 한국에서는 초등학교나 중학교에 아직 입학하지도 않은 어린 아이들의 실력을 탄탄하게 만든다고 부모님들이 영어다, 수학이다 여기 저기 학원에 보내는 것을 볼 수 있습니다. 그럼 그렇게 일찍 교육을 받는 아이들의 실력이 과연 뛰어나게 향상될까요? 제가 보기에는 많은 학원에 다님에도 불구하고 아이들의 실력은 그리 향상되는 것 같지 않습니다. 예를 들어 제가 지금 영어 학원에서 아이들을 가르치고 있는데요. 거기에 오는 아이들의 대부분은 자신이 원해서 왔다기보다는 부모님의 강요에 의해 오는 경우가 많습니다. 물론 선생님으로서 저는 아이들을 열심히 가르치지만 하고 싶지 않은 공부를 억지로 하는 아이들의 모습을 보면 그저 안타까울 따름입니다. 공부는 무엇보다 아이에게 분명한 학습 동기가 있을 때 그 효과를 볼 수 있습니다. 아이가 학습 목표를 분명히 가지고 있으면 몰라도 아직 학업에 대한 뚜렷한 동기도 없는 아이들에게 공부를 강요하는 것은 아이들에게 스트레스를 줄 뿐더러 비싼 학원비만 낭비하는 꼴입니다.

 둘째, 너도나도 조기 교육을 시켜서 조기 교육을 시키는 분위기가 일반화되면 사교육비 부담은 더욱 늘어날 겁니다. 지금과 같이 사교육이 일반화된 이상 보통의 부모라면 조금이라도 일찍 아이들을 학원에 보내려고 애를 쓸 겁니다. 이렇게 경쟁적으로 아이들을 교육시키다 보면 사교육비 부담이 더 커지게 됩니다. 각종 교재 구입에 돈을 써야 하는 것은 물론이고 남들 하는 대로 학원이니 캠프니 좋다는 데 다 보내려다 보면 가계 부담이 더 늘어나고 유학이나 연수를 보내는 경우엔 더욱 더 많은 돈이 들어갈 겁니다. 며칠 전에 제가 본 뉴스에 따르면 아이들의 영어 교재 구입비가 거의 천만 원에 달한다고 합니다. 이렇게 많은 사교육비의 부담은 결국 서민의 생활비 부담으로 이어지게 되고 이러한 경제적 부담은 경제 사정이 어려운 아이들에게 위화감을 주고 기회의 불평등을 조성하게 됩니다. 이것은 교육적으로도 좋지 못한 결과를 가져옵니다.

 요약하자면, 저는 조기 교육이 아이들에게 스트레스를 주고 사교육비의 부담을 가중시킨다는 점에서 반대합니다.

 위 문항에서 발화의 체계성을 판단하는 기준은 다음과 같다.

평가 범주		평가 척도	세부 평가 내용
조직	체계성	상(3)	조기 교육에 대한 자신의 입장을 제시함에 있어 시작하고 마무리를 할 수 있다.
		중(2)	조기 교육에 대한 자신의 입장을 제시함에 있어 시작하거나 마무리하는 단계 가운데 하나만 있다.
		하(1)	조기 교육에 대한 자신의 입장을 제시함에 있어 시작하거나 마무리하는 단계 중 어느 것도 없고 두서없이 과제를 수행하기에 급급하다.
		(0)	주제에 맞지 않거나 무슨 말인지 알아들을 수 없다.

위 문항에 대해 응답 발화의 조직이 체계적으로 발화되었다고 평가되기 위해서는 우선 조기 교육에 대한 자신의 입장을 제시함에 있어서 발화의 시작과 마무리를 잘할 수 있어야 한다. 그래야 평가자가 수험자 발화를 체계성 측면에서 '상'으로 평가할 수 있다. 조기 교육에 대한 자신의 입장을 제시함에 있어서 시작하거나 마무리하는 단계 가운데 하나만 있는 경우 이는 '중'으로 판정되고, 이러한 단계 중 어느 것도 없고 두서없이 과제를 수행하기에 급급하다고 판단되는 경우 체계성은 '하'로 판정된다. 또한 주제에 맞지 않거나 무슨 말인지 알아들을 수 없다고 판단되는 경우 체계성은 '0'점이 부여된다. 다음과 같은 응답을 예로 살펴보자.

(2) 답변 사례

응답 발화 예 [6]

네, 저는 초기 교육에, 좀 찬성, 뭐 보통: 기본적으로는 찬성합니다. 뭐 엄청 얼릴 때부터 많은 수학::이나 그런 걸 엄청 많이 배우면(0.5) 뭐 사고 기반을 팔리 만들 수도 있고, 그렇게 팔리 만들면 뭐: 좀 나중에 팔리 성장할 수도 있기 때문입니다. 두 번째로는 뭐:: 학교에서 어차피:: 그 이 수학 그거 사 뭐 사회 이과 뭐 물리 그런 것도 엄청 많이 배우지만 어렸을 때부터 많이 배우명 나중에 좀 학교에서 배울 때 좀 쉽게 이해할 수 있을 것 같아서 저는 기본적으로는(0.5) 찬성합니다. 근데 기본, 기본적으로가 무슨 말이냐면 사실 저는 외국어:: 외국어 교육:만, 외국어 교육은 좀 어렸을 때부터 배우는 거는 찬성할 수가 없습니다. 왜냐면 그 아이들 생각할 때 아무래도 모국어가 중요하잖아요. 뭐 어렸을 때부터 엄청 많은 상황에서 주병에서 엄청 많이 들릴, 주변에서 엄청 많이 들릴 수 있는 언어::가 중요하고, 그거 그런 말 듣고 나서 자기가 생각할 때 기반을 만들 수 있다는 말이잖아요. <u>그래서 어렸을 때부터 그런 모국어 배우고, 다른 외국어도 많이 배우면 좀 아이한테는 좀 부담이 많고, 생각할 때에 기반을 만들 수가 없을 것 같아서, 외국어::를 어렷, 엄청 빨리 배우는 거는 좀 저는 반대합니다.</u>

위 문항에서 응답자에게 요구한 내용은 조기 교육에 대한 자신의 입장을 말하고 그 입장을 견지하는 두 가지 이유를 제시하는 것이다. 이 중 조직 범주의 체계성을 충족시키기 위해서는 앞선 평가 기준표의 기술 내용과 같이 조기 교육에 대한 자신의 입장을 제시함에 있어 시작하고 마무리를 할 수 있어야 한다. 위 응시자의 경우 밑줄 친 내용과 같이 '저는 저는 초기 교육에, 좀 찬성, 뭐 보통 기본적으로는 찬성합니다.'라는 입장을 제시함으로써 맥락에 적절하게 발화의 첫 부분을 시작했고, 발화의 마지막에서 자기 입장을 정리하여 마무리하는 내용 즉, '그래서 어렸을 때부터 그런 모국어 배우고, 다른 외국어도 많이 배우면 좀 아이한테는 부담이 많고, 생각할 때 기반을 만들 수가 없을 것 같아서, 외국어를 어렷, 엄청 빨리 배우는 거는 저는 좀 반대합니다.'로 발화를 끝냈다. 따라서 체계성의 측면에서는 위의 평가 기준에 의하면 '상'에 해당된다고 판단할 수 있다. 다음 사례를 살펴보자.

응답 발화 예 [7]

음: <u>저는 초기 교육(1.0), 초기 교육이 반대합니다.</u> 왜냐면 육살 이전의 교육은 엄, 아무리 엄, 아무리 아이에게 좋은 교육을／ 좋은 교육을／ 엄, 어 시키, 시키, 시키::십다(1.0) 시키지만 여섯 살 이전의 아이들이／ 어, 어 조용히 않아서 배우는 게 어, 좀 어렵다고 생각합니다.(2.0) 음:(2.0) 그리고 음(3.0), 어(4.0), 어, 그리고 어, 여섯 살 이전, 여섯 살 이전의 아이들이 어, 아직까지, 어 아직까지 올바른 예의도 예의나 자기의 하고 싶은 것을 잘 모라서 어, 어 부모, 부모 생각대로 어, 수업을 다니면 아이에게도 스트레스를 어: 줄 수 있습니다. 음:: 아이들이 원하는 수업(0.5)을／ 시키면 더 좋다고 생각합니다. 그 수업은 예를 들어 어, 엄, 야외 활동, 수영 같은, 수영이나 태권도 같은 체력 운동이 더, 어 좋다고 생각합니다. 왜냐면 엄, 여섯 살 이전의 여섯 살 이하의 아이들에게 엄, 언어 같은 언어이나 수학 같은 엄, 수업을 시키면 좀 음, 아이에게 부담도(0.5) 줄 수 있습니다.

이 발화에서 수험자는 조기 교육에 대한 자신의 입장을 제시함에 있어 시작과 마무리 발화를 모두 수행하지 못하고 위의 밑줄 친 부분과 같이 시작 발화(저는 초기 교육이 반대합니다.)만을 수행하고 있다. 발화 내용을 살펴보면 시작 발화 이후에 자신이 조기 교육에 반대하는 근거를 제시하고 있으나 발화의 마지막에 이러한 내용을 마무리하는 발화를 하지 못하였다. 따라서 위 채점 기준에 의하면 '조기 교육에 대한 자신의 입장을 제시함에 있어 시작하거나 마무리하는 단계 가운데 하나만 있다.'에 해당되므로 '중'으로 판정된다.

다음의 사례는 발화 조직의 체계성에 있어서 '하'의 수준으로 판정된 발화 예이다.

> 그 어:: 제: 생각은(1.0) 다, 여섯 살 이전에 그, 초기 교육(0.5)이 필요할 수 없을 것 같아서, 왜냐하면 그 여섯 살 이전에 그(0.5) 부모과 함께 있는 시간은 더 중요한다, 하다고 생각해요. 그, 교육 당시에 그, 외국어는 중요한, 외국어는 중요하지만╱ ((흡)) 음:: 그(1.0)((웃음)) 외국어보다 그((웃음)), 아, 즈, 즐거운 친구와 함께 인간 관계도 중요한다고 생각해요. 그래서 그 교육보다 음: 친구와 어떻게 지낸하는 것이 음: 잘 이해할 수 있도록╱ 그 아이들과(1.0) 함, 아이, 아이과 다른 친구들 어떻게 지내야 하는 것이 부모님에게 알려주고,는 것을 더 중요한다고 생각해요. ((흡)) 음:: 그 다음에는 그, 어((웃음))……

이 사례는 조기 교육에 대한 입장과 그 입장을 견지하는 두 가지 근거를 대답해야 하는 문항에서 시작하거나 마무리하는 단계가 발화되지 않은 경우의 예이다. 이 수험자는 문항에 대해 발화의 시작 단계에서 자신의 입장을 밝히지 않고 여섯 살 이전에 조기 교육이 필요하지 않은 이유에 대해서 바로 발화를 진행함으로써 발화 조직에 있어서 일정한 체계성을 보여주지 못하고 있다. 위 평가 기준에 따르면 '조기 교육에 대한 자신의 입장을 제시함에 있어 시작하거나 마무리하는 단계 중 어느 것도 없고 두서없이 과제를 수행하기에 급급하다.'의 사례에 해당되어 발화 조직의 체계성 면에서 '하'로 판정된다.

2.2. 응집성

응집성은 다양한 결속 장치를 사용하여 발화 내용이 형식적으로 긴밀하게 연결되어 있는가 여부로 측정된다. 응집성이 있는 발화는 다양한 접속 장치나 지시어 등을 사용하여 담화 내용의 흐름을 자연스럽게 연결한다. 다음은 조직 범주의 응집성 평가 기준이다.

〈표 25〉 조직 범주의 응집성 평가 기준

평가 범주		평가 척도	세부 평가 내용
조직	응집성	상(3)	접속사나 신구정보의 제시 순서 등 다양한 결속 장치를 적재적소에 사용하고 불필요한 내용이 없어서 응집성이 높다.
		중(2)	사용된 결속 장치 중 한 군데 이상에 오류가 있거나 불필요한 내용이 하나 있어서 응집력이 다소 떨어진다.
		하(1)	문맥을 이해할 수는 있으나 결속 장치가 전혀 없거나 불필요한 내용이 둘 이상 있어서 응집력이 많이 떨어진다.
		(0)	주제에 맞지 않거나 알아들을 수 없거나 대답이 너무 짧아 평가할 수 없다.

응집성의 경우 '상'으로 판정되기 위해서는 접속사나 신구정보의 제시 순서 등 다양한 결속 장치를 적재적소에 사용하고 불필요한 내용이 없어서 발화의 응집성이 높아야 한다. 다음으로 '중' 수준은 사용된 결속 장치 중 한 군데 이상에 오류가 있거나 불필요한 내용이 하나 있어서 응집력이 다소 떨어지는 경우이다. 마지막으로 '하'의 경우는 문맥을 이해할 수는 있으나 결속 장치가 전혀 없거나 불필요한 내용이 둘 이상 있어서 응집력이 많이 떨어지는 발화에 해당한다. 만일 응답 발화가 주제에 맞지 않거나 알아들을 수 없거나 대답이 너무 짧아 평가할 수 없는 경우에는 '0'점을 부여한다.

다음의 사례에서 발화의 응집성이 어떻게 평가될 수 있는지 살펴보도록 하자.

(1) 답변 사례

응답 발화 예 [9]

> 어:: 제가 초기:: 으 초기: 교육(1.0)을(2.0) 하는: 것에 찬성합니다. 어:: 제 생각
> 에는 어:: 어린 아이들이 어:: 외국:어나 수학 교육을 받는 게 어: 좋다고 봅니다.
> 어, <u>왜냐하면</u> 그 나이에는 어: 외국어의 기초:나 수학의 기초를 다:: 어: 음:: 다
> 익숙해질 수 있어서 어: 나중엔／ 어: 기초 대신에 더 복잡한 어: 주제에 대해서
> 어:: 배울 수 있고／ <u>그리고</u> 아마 더 음:: 고급, 더 고급적인(1.0) 음: 교육을(0.5)
> 더 쉽게 받을, 받아들일 수 있을 것 같아요. <u>그런데</u> 어, 초기 교육, 교육의 어:
> 단점은, 단점은 물론 학업 스트레스이에요,입니다. 어:: 어떠한 사교육:: 사: 음,
> 사립 사립 학교에서 어: 그 경쟁이, 경쟁력이 좀 높은 편이니까, 어, 어린 아이들이
> 스트레스 진짜 잘 받을 수 있어서 어::: 그걸: 막길 수 있게／ 어, 맞을 수 있게／
> 멈출 수 있게／ 노력해야 하겠습니다.

이 발화자는 조기 교육에 대한 찬반 입장과 그 입장에 대한 근거를 제시함에 있어서 찬성하는 입장을 보이고 그 근거를 제시하고 있다. 응집성 면에서 발화의 내용을 살펴보면, 자신이 조기 교육에 찬성하는 근거를 제시함에 있어서 '왜냐하면'이라는 접속사를 사용하여 발화를 이어가고 있다. 또한 찬성의 입장에 대한 근거를 제시함에 있어서 '그리고'라는 접속사를 사용하여 근거 1(외국어의 기초나 수학의 기초에 익숙해짐)에 근거 2(고급 교육을 더 쉽게 받아들일 수 있음)를 추가하여 제시하고 있다. 한편 조기 교육의 단점을 제시하는 내용의 시작에서는 앞선 내용과 상반되는 내용을 연결하는 접속사 '그런데'를 사용하여 발화를 자연스럽게 이어가고 있다. 따라서 이 발화자의 경우 상단에 제시된 응집성 평가 기준의 '상'에 해당되는, '접속사나 신구정보의 제시 순서 등 다양한 결속 장치를 적재적소에 사용하고 불필요한 내용이 없어서 응집성이 높다.'로 판정될 수 있다.

응답 발화 예 [10]

> 아::: 제 생각에는/ 음:: 저는:: 찬, 찬성인데, 그: 배우는 방법 어떻게 하는지 좀 변해야 될 것 같습니다. <u>왜냐면</u> 어::: 특히 한국에(0.5) 제가 음:: 교육, 교육을, 교육 특히 외국어: 교육은 어:: 단어 외우는 거랑/ 문법만이 그냥 정해, 쓰기만 많이 하고, 말하기: 연습을 많이 안 해서, 사실 어떻게 영어::에 대해서/ 음:: 영어 배워도 그 말해야 하는 상황이 오면/ 그, 너무 긴장돼서 사람들이 잘: 아, 말하지 못하고 <u>그런데</u> 뭔가 자연스러운, 엄:: 자연스럽게 배우면 좋을 것 같습니다. 음:: 방송이나 그 외국어 방송이나 <u>그거를</u> 들으면 아, 말하기 실력이 늘을 수 있는데, 그거는(1.0) 오래:: 어릴 때부터 이렇게(1.0) 음, 교육을 많이 시키는 게 사실, <u>그거는</u> 조금 안 좋은 것 같은데, 그 아이가 원하시면, 원하면/ <u>그것도</u> 음 배우고, 재미로 배우면 될 것 같습니다. 근데 딱히 왜:: 그렇게 어린 나이부터 배우는지 저는 잘 모르겠습니다.(0.5) <u>그래서</u> 판단, 찬성도 있고 반대:: 어, 도 있어서, 어:: 일단은 제:: 아이들이 ((웃음)) 여섯 살부터 그렇게 열심히 수학 교육을 안 할 것 같습니다.

이 발화자의 경우 '왜냐면', '그런데', '그거를', '그래서' 등과 같이 다양한 결속 장치를 사용하고 있다. 그런데 이러한 결속 장치의 사용에 있어서 불필요한 경우에 사용하거나 사용의 오류가 발견되어 응집성에 오히려 방해가 되는 양상을 보인다. 첫 번째 결속 장치인 '왜냐면'은 자신의 입장에 대한 근거를 제시하기 위한 접속사로서 적절하게 사용되었다. 그러나 두 번째 사용된 '그런데'는 선행문인 '너무 긴장돼서 사람들이 잘 말하기 못하고'와 후행문인 '뭔가 자연스럽게 배우면 좋을 것 같습니다.'를 연결함에 있어서 원인과 결과의 관계를 나타내는 접속사가 필요한 위치에 잘못 사용된 사례다. 또한 세 번째 '그거를'의 경우 '방송이나 그 외국어 방송을 들으면'으로 발화함이 더욱 자연스러운 곳에 불필요하게 지시어를 사용하고 있는 것으로 판단된다. 따라서 이 발화의 경우 응집성은 '사용된 결속 장치 중 한 군데 이상에 오류가 있거나 불필요한 내용이 하나 있어서 응집력이 다소 떨어진다.'에 해당되어 '중'으로 판정된다.

3. 발화에 나타난 표현

발화에 나타난 표현은 발화에서 어휘의 사용과 문법의 활용이 얼마나 정확하고 적절하게 사용되었는지와 해당 숙달도 수준에 적합하게 얼마나 다양하게 사용했는지를 기준으로 측정한다.

3.1. 정확성

정확성은 모국어 화자의 모범 발화에 비교할 때 어휘와 문법을 오류 없이 얼마나 자연스럽게 사용했는지의 여부로 측정된다. 전술한 바와 같이 말하기는 구어이므로 문어 문법과 차별되는 구어 문법 고유의 특징이 있다. 따라서 축약, 반복, 생략 등 구어 문법적 특징을 감안하여 자연스러운 구어체 발화를 기준으로 하여 오류를 측정한다.

다음 문항의 예를 살펴보자.

(1) 문항 사례

---

*문제를 듣고 40초 동안 준비하십시오. 삐 소리가 나면 80초 동안 이야기하십시오.

3. 기억에 남는 공연이나 영화, 드라마가 있습니까? 어떤 이야기이고 어떤 장면이 기억에 남는지 이야기하십시오.

| - 공연이나 영화, 드라마 제목 | -중심 내용 | - 기억에 남는 장면 |

위 문항은 주어진 주제에 대해 경험을 서술하는 3급 숙달도 수준의 문항이다. 응답자는 자신에게 기억에 남는 공연이나 영화, 드라마에 대해 제목, 중심 내용, 기억에 남는 장면에 대해 말해야 한다. 답변 방법은 문제를 듣고 40초 동안 답변을 준비한 후 삐 소리가 들리면 80초 동안 대답하는 것이다. 위 문항에 대해 예상되는 모범 답안은 다음과 같다.

모범 답안

제가 지금까지 본 영화 중에서 가장 기억에 남는 영화는 타이타닉이에요. 그 영화는 바다 위 배에서 만난 남자와 여자의 슬픈 사랑이야기예요. 여자 주인공은 원래 부자인 약혼자가 있었는데 배 위에서 가난하지만 멋진 남자를 만나고 나서 사랑에 빠져요. 모두가 반대했는데도 여자는 신경쓰지 않아요. 하지만 약혼자는 행복해 보이는 두 사람 때문에 화가 많이 나요. 그런데 어느 날 갑자기 그 배가 큰 바위에 부딪히면서 바다 아래로 가라앉게 되었어요. 남자 주인공은 여자 주인공을 살리는 대신에 자기가 바다에 빠져요. 그리고 여자에게 사랑한다고 말해요. 이 영화에서 가장 기억에 남는 장면은 남자 주인공이 죽는 마지막 장면이에요. 바다 위에서 여자를 위해서 죽어가는 남자 주인공의 모습은 아직도 잊을 수 없어요. 저도 언젠가는 그런 사랑을 꼭 해 보고 싶어요.

위 문항에 대해 표현의 정확성을 판단하는 기준은 다음과 같다.

〈표 26〉 표현 범주의 정확성 평가 기준

평가 범주		평가 척도	세부 평가 내용
표현	정확성	상(3)	전체 발화 중 오류가 적어 내용 전달에 문제가 없다. *격조사 및 기타 동일 오류는 매번 각각의 오류로 적용한다. *발화량이 적은 경우(예: 50% 미만일 경우) 정확성을 한 단계 감점한다.
		중(2)	오류가 꽤 있어 내용 전달에 다소 영향을 준다.
		하(1)	오류가 매우 많아 내용 전달에 많이 영향을 준다.
		(0)	주제에 맞지 않거나 알아들을 수 없거나 오류가 너무 많아 내용을 이해할 수 없다.

표현 범주의 정확성 평가의 경우 전체 발화 중 오류가 적어 내용 전달에 문제가 없는 경우 '상'으로 판정된다. 이때 격조사나 기타 동일 오류가 반복되는 경우에도 매번 각각의 오류로 산정하여 적용한다. 발화상 반복된 오류가 발화의 질에 대한 전체적 인상을 저해하고 이러한 부정적 인상이 양질의 의사소통을 방해할 수 있기 때문이다. 그리고 응답자의 발화량이 예상 발화와 비교하여 절반 수준 이하로 적은 경우 정확성을 한 단계 아래로 감점하여 평가한다. 정확하지 않은 오류가 꽤 있어서 내용 전달에 다소 영향을 주는 경우는 '중'으로, 오류가 매우 많아 내용 전달에 영향을 많이 주는 경우는 '하'로 판정한다. 만일 응답 발화가 주제에 맞지 않거나 알아들을 수 없는 경우, 혹은 오류가 너무 많아 내용을 이해할 수 없는 경우가 발생하면 이는 '0'점을 부여한다. 위 문항에 대해 다음과 같은 대답을 예로 살펴보자.

(2) 답변 사례

응답 발화 예 [11]

제가 기억에 남는(1.0) 영화인데, 이거는 일본에서 한 20년 전에 개봉된 영화, 파프리카라는 영화입니다. 이거는 어떤 내용이냐면, 대충 그 꿈:: 인간들이 잘 때 보는 꿈이랑 현상을 왔다갔다 하는 영화입니다. 내용입니다. 그런데 사실((웃음)) 그:: 내용::을 우리 인간은 이해 못할 것 같습니다. 왜냐면 엄청 복잡하고 대사::도 엄청 신기한 말 엄청 많이 쓰거든요. 그런 말들 엄청 많이 쓰여서, 이게: 제, 저는 아마 지금까지 한 다섯, 여섯 번쯤 봤는데, 하나도 이해 못했습니다. 그렇지만 이해 못했지만 그 이해 못하는 게 반대로 좀 중돌, 중독적이고, 꼭 친구들한테 추천해보고 한번 보라고 해보고 싶었던 영화입니다. 여러 장면이 있는데 그 중에서 제일 기억에 남는 장면은 가전제품들이 길에서 걷고 있는 잠면입니다. 뭐 이런 말((웃음)) 듣기만 해도 아마 이해, 상상도 못할 것 같지만 그 공, 엄청 저도 뭐 당연히 가전제품이 길에서 걷는 장면이 다른 영화나 드라마에서도 본

적이 없어서 엄청 충격적이었습니다. 그래서 제:: 지금도 기억에 엄청 깊이 남아있습니다.

이 응답자의 경우 기억에 남는 영화의 중심 내용과 기억에 남는 장면을 묘사함에 있어서 어휘 사용과 문법 활용이 대체로 정확한 편이어서 내용 전달에 문제가 없다. 따라서 위 정확성 평가 기준에서 '전체 발화 중 오류가 적어 내용 전달에 문제가 없다.'에 해당되어 정확성을 '상'으로 판정 가능하다. 그런데 아래의 사례를 보자.[13]

응답 발화 예 [12]

그: 기억에 남을(1.0) 영화:: 영화가 있습니다. 그: 제가:: 제일 좋아하는 영화는 원데이::라는 영화입니다. 그 영화 1)내용을(√은) 어:: 졸업하는 날 만나고: 그리고 친한 친구 된 여자와 남자: 이야기입니다. 그 영화는(1.0) 하루 만에, 2)하루 만에 (√하루 안에 일어난 일을) 보여줍니다. 그:: 그리고: 어: 3)감동적이 많이 받고(√ 감동을 많이 받고) 그:(1.0) 포, 포기, 4)포기(√ 본) 후에 계속 울었습니다. 어, 그리고 그 제 장면, 5)제::(√ 제가) 아, 좋아하는 장면이 그 남자가, 남자 주인공6)을 (√ 이), 여자에게 전화하고, 7)전화했어요(√ 전화하는 장면이에요). 그냥, 여자는 전화 안 받았어요.(2.0) ((속삭임)) 아 그리고((웃음)) 그 장면은 어:: 그 남자는 8)부모님께서(√과) 싸울, 싸웠, 싸웠고, 그 9)남자(√남자는) 10)진짜 필요해(√○ ○이/가 진짜 필요해요. / ○○이/가 진짜 필요해서)…….

이 답변은 어휘나 문법상의 오류가 빈번하여 내용 전달에 영향을 주는 예를

---

13) 응답 발화 예 [13]에서 표시된 '1)' 등의 번호는 독자의 가독성을 위해 표현 범주의 '정확성'과 관련된 오류의 개수를 보일 수 있도록 필자가 부여한 숫자임을 밝힌다.

보여준다. 먼저 1)의 경우 '그 영화 내용을'에서 조사 오류가 보인다. 이 오류는 '그 영화 내용은'으로 수정해야 한다. 2)의 경우 '그 영화는 하루 만에 보여줍니다.'는 '그 영화를 하루 안에 일어난 일을 보여줍니다.'로 수정해야 한다. 3)은 '감동적이 많이 받고'를 '감동을 많이 받고'로 수정해야 하고 4)의 경우 '포기 후에 계속 울었습니다.'가 아니라 '본 후에 계속 울었습니다.'로 바로잡아야 한다. 5)의 경우 조사 오류가 나타나는데 '제 좋아하는'을 '제가 좋아하는'으로 수정해야 한다. 6)의 경우 조사 오류인데 '을'를 '이'로 바로잡아야 하고, 7)에서는 '전화했어요.'가 아니라 '전화하는 장면이에요.'로 수정해야 문장의 시작과 끝이 호응된다. 또한 8) '부모님께서는'는 '부모님과'로 수정해야 하고 9)의 경우에는 조사를 생략했으나 '남자는'과 같이 조사를 사용해야 한다. 마지막으로 10)의 경우 '진짜 필요해'는 문장의 의미를 알 수 없는 내용으로 '○○이/가 진짜 필요해요.'와 같이 목적어를 넣어 문장을 종결하거나 '○○이/가 진짜 필요해서' 등과 같이 목적어를 넣은 후 연결어미를 사용하여 후행절을 완성해야 한다. 이와 같이 이 답변은 어휘나 문법 사용에 오류가 잦아 위의 평가 기준에 의하면 '오류가 꽤 있어 내용 전달에 다소 영향을 준다.'에 해당되어 정확성 '중'으로 판정된다.

3.2. 다양성

다양성은 응답자의 발화에서 문항이 요구하는 표현이 단순하게 사용되지 않고 다양하게 사용되었는지 여부로 측정된다. 따라서 다양성은 질문이 요구하는 숙달도 수준에 적절하게 '어휘와 문법을 다양하게 사용하였는가'를 측정한다. 다양성을 측정하기 위해서는 각 급별로 숙달도 수준에 적절한 어휘, 문법 목록을 참고해야 한다.[14] 다음은 표현 범주의 다양성에 대한 평가 기준이다.

---

14) 급별 어휘, 문법 목록은 〈부록 1. 2017년 국제 통용 한국어 표준 교육과정 문법 등급 목록〉, 〈부록 2. 2017년 국제 통용 한국어 표준 교육과정 어휘 등급 목록(4단계)〉을 참조하기 바란다.

〈표 27〉 표현 범주의 다양성 평가 기준

평가 범주		평가 척도	세부 평가 내용
표현	다양성	상(3)	3급 수준의 다양한 어휘와 문법을 잘 사용한다. *급별 어휘, 문법 목록 참조
		중(2)	3급 수준의 어휘와 문법을 조금(2개 내외) 사용한다. *급별 어휘, 문법 목록 참조
		하(1)	3급 수준의 어휘와 문법을 거의 사용하지 않고 2급 수준의 어휘와 문법을 사용한다. *급별 어휘, 문법 목록 참조
		(0)	주제에 맞지 않거나 알아들을 수 없거나 대답이 너무 짧아 평가할 수 없다.

　　표현 범주의 다양성 항목에서는 해당 급 수준의 다양한 어휘와 문법을 잘 사용한 경우에 이러한 답변을 '상'으로 판정한다. 본 평가는 말하기 '숙달도' 평가이므로 '다양성' 평가를 위해서는 특정 기관에서 발행하는 어휘, 문법 목록이 아니라 공인된 한국어 급별 어휘, 문법 목록을 참고해야 한다. 따라서 이 책에서는 국제 통용 한국어 표준 교육과정 문법 등급 목록과 국제 통용 한국어 표준 교육과정 어휘 등급 목록을 다양성 평가의 기준으로 사용했고, 독자들이 해당 평가 내용을 확인할 수 있도록 이 책의 부록에 첨부하여 제시하였다. 국제 통용 한국어 표준 교육과정 어휘 및 문법 등급 목록의 경우 그 양이 방대하여 지면을 너무 많이 차지하게 되므로 이 책에서 평가 사례로 제시한 3급 문항 수준에 맞추어 3급에 해당되는 자료만 첨부하였다.[15] 다음으로 다양성의 '중'으로 판정되는 경우는 해당 급(예: 3급) 수준의 어휘와 문법을 2개 내외 등으로 조금 사용하는 경우이다. 이 경우 평가 문항의 난이도에 따라 필수 어휘와 문법 개수는 평가자들 간에 협의를 거쳐 조정될 수 있다. 마지막

---

15) 기타 목록은 국립국어원 홈페이지에 게시된, 국제 통용 한국어 표준 교육과정 적용 연구를 참조 바란다(https://www.korean.go.kr/front/reportData/reportDataView.do?mn_id=207&report_seq=932).

으로 해당 급 수준(예: 3급)의 어휘와 문법을 거의 사용하지 않고 그 아래 급 수준의 어휘와 문법을 사용하는 경우 다양성은 '하'로 판정된다. 아울러 주제에 맞지 않거나 알아들을 수 없거나 대답이 너무 짧아 평가할 수 없는 경우 '0'점으로 판정된다. 다음의 응답 예에서 다양성이 어떻게 평가되고 있는지 살펴보자.

(1) 답변 사례

응답 발화 예 [13]

> 어 엄ːːː 기억에 남는 <u>공연</u>, 공연은: 바로 *위키*:드, 뮤식, 위키드라는 뮤지컬: <u>장면</u>이에요. 어: 제가 그, 천체 뮤지컬ːː을 본 적이 없는데((웃음)), 유투브로 한 두: 곡을: 어: 그 공연을╱ 어: 보니까 되게 <u>인상적</u>이었어요. 음ːː 어, 주로 디파잉 그래비티라는ːːː 어ːː 노래를 들었을 때, 어떤 어려, <u>인생</u>:에서╱ 어떤 어려움을╱ 어: 이겨낼 수 있다는 어, 느낌을 줬으니까 어: 계속 그 공연을 반복적으로 계속 보고 있었어요. 어ːː 그래서 그 마지막 장면, 그 디파잉 그래비티라는 곡은 마지막 장면에서 나온 어, 곡인 것 같아요, 사실은. 전체((웃음)) 전체 못 본 적이, 어, 못 본 적입니다.

다양성 평가 기준의 핵심은 해당 숙달도 수준의 어휘와 문법을 잘 사용했는지 여부이다. 이 응답자의 발화를 살펴보면 '공연', '장면', '인상적', '인생'과 같은 어휘를 발화 맥락에 적절하게 사용하고 있는 것을 알 수 있다. 이러한 어휘는 국제 통용 한국어 표준 교육과정 어휘 목록에서 3급 수준으로 목록화한 어휘들이다. 이 발화자의 경우 문항 내용에서 이미 제시된 '공연', '장면'이라는 어휘 외에도 '인상적', '인생'과 같은 3급 어휘를 사용함으로써 다양한 표현을 시도하고 있다. 문법은 '-은 적이 있다.'라는 2급 수준의 문법을 사용하고 있지만 어휘의 측면에서 다양한 3급 수준의 어휘들을 적절하게 사용하고 있으므로 다양성의 측면에서는 '상'으로 판정할 수 있다.

> 어, 저는 어, 제일 기억하 남는 <u>공연</u>의 이름은╱ 어: 슈퍼주니어 콘서트입니다. 그 콘서트는 최근 코로나 시작한 후에 새로운 콘서트 어: 생, 어, <u>진행</u>하고 있습니다. 그 콘서트는 내용*이*╱ 음, 내용은╱(1.0) 어:: 어: 옛날 노래도 하고╱ 그: 예전 어, 최근에 새로운 앨범 안에 있는 노래로도 부르고╱ 음: 팬하고 같이 음, 춤을 추는 엄:: 공연도 있었고╱ 음, 즐거운 시간을 같이 지내줘서 아주 즐거워요.((웃음)) 어, 제일 기억 남는 장면은 음:: 음 가수는, 가수과 팬을 같이 노래를 부른 <u>장면</u>은 제일 기억에 남아요. 왜냐하면 그, 음:: 한께 노래를 부를 때╱ 울으는 사람도 있고, 기쁘는 사람도 있고. 음:: ((웃음)) 끝.((웃음))

다양성이 '중'으로 판단되는 기준은 3급 수준의 어휘와 문법을 조금(2개 내외) 사용하는 경우이다. 이 응답 발화 내용을 살펴보면 '공연', '장면', '진행'과 같이 3개의 3급 어휘가 사용되고 있으나 이들 어휘 중 2개(공연, 장면)는 모두 문항 내용에서 이미 제시된 어휘이고 그 밖에 다른 3급 어휘로는 '진행'이라는 어휘를 사용하고 있다. 그러나 '옛날, 최근, 즐겁다'와 같은 2급 수준의 어휘와, '예전'과 같은 5급 수준의 어휘들을 발화 맥락에 적절하게 사용함으로써 표현의 다양성을 어느 정도는 보여주고 있다. 따라서 이 경우 다양성은 '중'으로 판정 가능하다. 다음 사례를 살펴보자.

응답 발화 예 [15]

> 그: 기억에 남을(1.0) 영화:: 영화가 있습니다. 그: 제가:: 제일 좋아하는 영화는 원데이::라는 영화입니다. 그 영화 내용을 어:: 졸업하는 날 만나고: 그리고 친한 친구 된 여자와 남자: 이야기입니다. 그 영화는(1.0) 하루 만에, 하루 만에 보여줍니다. 그:: 그리고: 어: <u>감동적</u>이 많이 받고 그:(1.0) 포, 포기, 포기 후에 계속 울었습니다. 어, 그리고 그 제 장면, 제:: 아, 좋아하는 <u>장면</u>이 그 남자가, 남자

주인공을, 여자에게 전화하고, 전화했어요. 그냥, 여자는 전화 안 받았어요. ((속삭임)) 아 그리고((웃음)) 그 장면은 어:: 그 남자는 부모님께서 싸울, 싸웠, 싸웠고, 그 남자 진짜 필요해…….

이 응답자의 경우 3급의 어휘는 '감동', '장면'이라는 두 개 어휘만이 사용되었으나 이는 모두 문항 지시문에서 이미 제시된 어휘들이다. 앞선 응답자의 발화와는 달리 그밖에 사용하는 대부분의 어휘가 '좋아하다, 영화, 친구, 울다, 전화하다' 등과 같이 주로 초급 어휘이다. 또한 이러한 어휘를 사용하여 3급에 해당되는 문법도 사용하지 않고 주로 초급 수준의 단순한 발화만을 구사하고 있음을 확인할 수 있다. 따라서 이 응답자의 발화는 다양성의 측면에서는 '하'로 판정된다.

4. 발화의 전달

수험자의 응답 발화에서 '전달'의 측면에서는 어떤 점을 평가해야 할까? 본 말하기 평가 기준에서 응답 발화의 전달 능력은 발음 및 억양과 속도, 이 두 가지 하위 범주로 나뉘어 측정된다. 먼저 발음 및 억양의 범주에서는 문항이 가진 숙달도 수준에 비추어 응답자의 발음이 정확하고 억양이 자연스러운지 여부를 평가한다. 그리고 속도의 범주에서는 응답 발화를 머뭇거림 없이 문항이 가진 숙달도 수준에 적절한 속도로 유창하게 말하는지 여부를 측정한다.

4.1. 발음 및 억양

제2언어 숙달도 평가 시 발음 및 억양의 평가 기준은 목표어 모국어 화자의 정확한 발음과 자연스러운 억양이다. 다만 초급에서 고급에 이르기까지 문항 난이도 대비 응시자의 숙달도 수준을 고려하여 평가를 실시한다. 다음 4급의 사례에서 발음 및 억양이 어떻게 평가될 수 있는지 살펴보자.

(1) 문항 사례

*문제를 듣고 50초 동안 준비하십시오. 삐 소리가 나면 120초 동안 이야기하십시오.

4. 최근 사회가 변화하고 기술이 발달하면서 직장의 업무 환경이 달라졌습니다. 생활의 분위기도 달라지고 있습니다. 다음 그림을 보고 최근 기술 발달의 변화로 과거와 현재의 근무 환경이 어떻게 달라졌는지 비교하고 어느 쪽을 선호하는지 이야기하십시오.

- 과거의 근무 환경
- 현재의 근무 환경
- 자신이 선호하는 방식

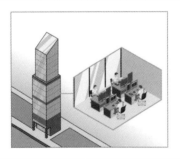

이 문항은 특정 주제의 사회적 변화에 대해 비교, 대조하여 말하는 문항이다. 응답자는 과거와 현재의 근무 환경이 어떻게 달라졌는지 비교한 후 어느 쪽을 선호하는지 자신의 생각을 정리해서 말해야 한다. 답변 방법은 문제를 듣고 50초 동안 답변을 준비한 후 삐 소리가 들리면 120초 동안 대답하는 것이다. 위 문항에 대해 예상되는 모범 답안은 다음과 같다.

모범 답안

　과거에 인터넷 기술이 발달되지 않았던 시절에는 일을 하기 위해서는 꼭 회사에 출근을 해야만 했었어요. 또 상사에게 업무와 관련된 보고를 해야 할 때도 직접 얼굴을 보고 결제를 받았어야 했어요. 그리고 회의가 있으면 회의실에서 모여서 다 같이 얼굴을 보고 중요한 사항에 대해 논의하곤 했지요. 또 출퇴근 시간이 정확하게 정해져 있다 보니 아침에 교통이 복잡할 때 직장인들이 늦는 경우도 많았어요. 몇 년 전만 해도 이런 모습은 흔히 볼 수 있는 광경이었어요.

　반면에 요즘 직장인의 근무 환경은 과거에 비해 많이 달라졌어요. 먼저 일을 하기 위해 꼭 회사로 출근하지 않아도 돼요. 왜냐하면 인터넷으로 집에서나 회사 밖에서도 일을 처리할 수 있으니까요. 물론 아주 중요한 일이라면야 꼭 회사에 가는 것이 좋겠지만 그렇지 않은 경우에는 얼마든지 회사 밖에서도 일을 처리하는 것이 가능해졌어요. 예를 들어 매주 하는 회의를 집에서 화상 회의로 한다든지 해외 출장을 가지 않아도 국내에서 화상 회의로 대신하는 것을 들 수 있어요. 또 자유롭게 일을 처리하다 보니 과거에 비해 출퇴근 시간이 자유로워졌어요. 기사에 따르면 자유로운 출퇴근 시간 덕분에 직장인들이 스트레스를 덜 받는다고 해요. 한마디로 말하면, 인터넷 기술의 발달로 업무의 효율성이 높아졌다고 할 수 있어요.

　하지만 저는 이 두 가지 방식 중에 직장에 나가서 서로 함께 일하는 방식을 선호해요. 모여서 함께 일해야 소통도 빨리 할 수 있고 일의 능률도 오른다고 생각해요. 또 직접 만나야 인간관계를 더 잘 유지할 수 있거든요.

　이 문항에 대해 전달 범주의 발음과 억양을 측정하는 기준은 다음과 같다. 응답자의 발화가 4급 수준에서 발음이 매우 정확하고 억양이 아주 자연스럽다면 '상', 발음이 다소 부정확하고 억양이 다소 부자연스러우나 의사소통을 방해하지 않는 수준이라면 '중'이다. 만약 발음이 아주 부정확하고 억양이 아주 부자연스러워서 의사소통을 방해하는 수준이라면 '하'에 해당된다.

평가 범주		평가 척도	세부 평가 내용
전달	발음 및 억양	상(3)	4급 수준에서 발음이 매우 정확하고 억양이 아주 자연스럽다.
		중(2)	발음이 다소 부정확하고 억양이 다소 부자연스러우나 의사소통을 방해하지 않는다.
		하(1)	발음이 아주 부정확하고 억양이 아주 부자연스러워 의사소통을 방해한다.
		(0)	주제에 맞지 않거나 알아들을 수 없거나 대답이 너무 짧아 평가할 수 없다.

이 문항에 대해 다음과 같은 대답을 예로 살펴보자.

(2) 답변 사례

응답 발화 예 [16]

> 그, 직*장*:: 생활(0.5), 과거에서는 너무 달라: 아: 너무 달라요. 아, 과거에서 직접, 거의 다 몸에 사용((웃음))해야 했는데 이제는 아, 컴퓨터에 할 수 있는(0.5) 직업이 많아요. 엄:: 그리고 어: 요즘은(0.5) 회사는 아: 아, 직원:들에게 아,(1.0) 집에서 아, 잘 아, 일할 수:(0.5) 어: 일(0.5), <u>일하게</u>↗ 아, 일하게 해요. 그래서 더 편, 편있고, 암:: 돈을 더 모야((웃음)), 모을 수 있어요. 아, 그리고 가족이, 같, 아,(1.0) 집에 있으니까, 아, 아이들 같이 있을 수 있어요. 어머니께서도 아버지께서도. 엄:: 그리고 이제 인터넷에서 직업이가 많아요. 음::(1.0) 암::(1.0) 음:(1.0) 저도 이제 한국에서(0.5) 아, 일해요. 제가((웃음)) 아, <u>remote</u>↗ 모르겠어요. 어떻게((웃음)) 말할 수 있는지 몰르, 몰르는데 …….

이 자료는 응시자의 답변을 발음과 억양의 측면에서 정교하게 전사한 자료이다. '전달' 범주에 속하는 발음과 속도의 영역은 응답자의 음성 자료 확인을 통해 설명이 가장 명시적으로 가능한 내용이다. 그러나 전술한 바와 같이 응시자의 개인 정보 보호를 위해 응답자의 녹화 음성은 출판하여 제공함에 어려움이 있으므로 이 책에서는 발음 및 발화 속도(휴지 시간 포함)를 최대한 정교하게 전사하여 제시하였다. 발음 영역의 전사 원칙은 응답자의 발음을 보정하지 않고 가능한 한 들리는 그대로 전사하였다. 억양 관련 전사는 발화가 질문이 아닌 문장에서 상승조로 유지되면 '／' 기호로, 문말이 아닌 지점에서 하강조로 유지되면 '＼' 기호를 표시하되 자연스러운 부분에는 특별한 표시를 하지 않았다.

이 자료를 바탕으로 응시자의 답변을 발음의 측면에서 평가해 보면 이 응답자의 발화는 발음 면에서 오류가 거의 없고 4급 수준에서 정확함을 알 수 있다. 억양 측면에서도 밑줄 표시된 '일하게'나 'remote'와 같이 자신이 그 의미를 확신하지 못하여 반복하는 어휘나, 해당되는 의미의 한국어를 몰라서 모국어를 사용함으로써 자신이 사용하고 있는 어휘에 대해 의문을 표시하는 경우에만 상승조가 나타나는 등 대체로 자연스러운 범위 내에서 발화하고 있음을 확인할 수 있다.

응답 발화 예 [17]

> 그::: 큰: 근무, 아, <u>환경(√환경)</u>은 그: 아, 사람:: 사람이, <u>칙원(√직원)</u>이 좀: 많이(0.5) 있어 보여요. 그리고 크::(√그) 어, 이: 두: 이 두 곳이 그, 너, 너무((웃음)) <u>나무로(√나무도)</u> 많이 있을 것 같, 같습니다. 이, 이, 이거는 그: 어, 같은 점이에요. 그리고 그:: 어:: <u>자큰::(√작은)</u> 회사, <u>자큰(√작은)</u> 회사／ 회사에는 (1.0) 그 아:(1.0) 사람이 <u>펼로(√별로)</u> 없어, 없어요. 그 같이:: 같이 함, 일해야 하,(0.5) 해야 하면 그: 좀:: 힘들었:을 것 같습니다. 그리고 그: 아, 사람이:(0.5) <u>터(√더)</u> 많아서 그 일이 하나하나:: 하나씩 하나씩, <u>크(√그)</u> <u>토와:출(√도와 줄)</u>,(1.0) <u>토와줄(√도와줄)</u> 수 있습니다. 그런 거 생각했습니다. 그…….

이 응답자의 사례를 살펴보면 발음의 측면에서는 환경'을 '[환켱]'으로 발음하고, '직원'을 '[칙원]'으로, '그'를 '[크]'로 발음하는 등 예사소리를 거센소리로 잘못 발음하는 오류가 반복적으로 나타난다. '작은'을 '[자큰]'으로, '별로'를 '[펼로]'로, '도와줄'을 '[토와줄]'로 발음하는 것도 유사 오류의 반복임을 알 수 있다. 한편 억양의 경우 문말 억양이 하강조로 대체로 자연스럽게 발화되고 있고 기타 특별한 억양상의 부자연스러움을 보이지는 않는다. 따라서 이 응시자의 경우 발음이나 억양이 의사소통을 크게 방해하는 수준이 아니라고 판단되어 '중'으로 판정된다.

4.2. 속도

발화 속도는 말하기 유창성에 관련된다. 발화 속도는 발음과 달리 비언어적 영역에 속하는데 음절 간, 단어 간, 어절 간 혹은 문장 간에 불필요한 휴지가 지속되어 발화가 머뭇거리며 막힘이 있는지, 이러한 막힘 현상이 발화의 유창성에 방해가 되는 정도인지, 만일 방해가 된다면 그 정도가 어느 정도인지 등을 평가한다. 다시 말해 본 평가에서 속도는 머뭇거림 없이 해당 문항의 숙달도 수준에 적절한 속도로 유창하게 말하는지 여부로 측정된다.

일반적으로 중간 언어 단계에서 화자가 발화의 정확성에 너무 신경을 쓰면 상대적으로 유창성이 떨어지고, 유창성을 높이기 위해 발화 속도를 빠르게 하다 보면 정확성이 감소하는 경향이 있다. 그러나 말하기 능력이 우수한 경우에는 정확하고 유창한 발화를 막힘없이 수행할 수 있다. 본 평가에서 정확성은 '표현'의 범주에서 어휘와 문법 사용의 '정확성'으로써 측정하고, 유창성은 '전달'의 범주에서 '속도'를 측정함으로써 평가한다. 다음은 전달 범주의 속도를 평가하는 상세 기준이다.

〈표 29〉 전달 범주의 속도 평가 기준

평가 범주		평가 척도	세부 평가 내용
전달	속도	상(3)	4급 수준에서 머뭇거림 없이 적합한 속도로 매우 유창하게 말한다.
		중(2)	머뭇거림이 다소 있으나 의사소통을 방해하지 않는다.
		하(1)	머뭇거림이 많아 원만한 의사소통에 방해가 된다.
		(0)	주제에 맞지 않거나 알아들을 수 없거나 발화량이 너무 적어서 평가할 수 없다.

앞서 제시한 4급 문항을 예로 들 때 전달 범주의 속도는 4급 수준에서 머뭇거림 없이 적합한 속도로 매우 유창하게 말할 경우 '상'으로, 머뭇거림이 다소 있으나 의사소통을 방해하지 않을 경우 '중'으로 판정한다. 또한 발화 시 머뭇거림이 많아 원만한 의사소통에 방해가 된다고 판단될 경우 '하'로 판정한다.

다음의 사례를 통해 속도가 어떻게 평가될 수 있는지 살펴보자. 속도의 경우 응답자의 발화 내용은 특히 총 5차에 걸쳐 상대적으로 더욱 정교하게 전사하였는데 이는 녹음 자료 없이 이 답안을 접하는 예비 평가자들의 이해를 돕기 위함이다. 전사 과정에서 음절 간, 단어 간, 어절 간 혹은 문장 간에 발화 흐름상 자연스럽지 않은 휴지가 있을 경우 괄호 안에 휴지 시간을 0.5초 단위의 숫자로 표시하였음을 밝힌다.

응답 발화 예 [18]

> 문제에 있는, 문장에 있는 것처럼 시대적으로 그:: 직장 생활:의 분위기 엄청 달라졌습니다. 사실 제가 느낀 거는 그: 기술 발달:: 때문에 변:화한 것보다는 사실 사람들의 사고방식이 달라졌기 때문이라고 저는 생각합니다. 특히 어떻게 달라졌냐면, 뭐 전에는 아무래도 직장 주위:로 생활해야 되고, 사생활보다 그 일하는 거, 직장:이 인생관으로써 직, 직업이나 직장 그런 거를 더 중요시하는 분위기가 있었습니다. 그렇지만 요즘에는 그 뭐, 워라밸, 위, 워라밸이라는 말도 생긴 것처

럼, 엄청 많은 사생활 중요시하는 사람이 많아졌습니다. 근데 제 생각에서는 사실 저는 뭐 사생활도 중요하기는 하지만 어 옛, 예전처럼 저는 직장 생활로 중심으로 앞으로는 생활하고 싶다고 생각합니다. 뭐 뭐, 집, 사생활보다 돈을 더: 많이 벌고 싶다는 말입니다. 왜냐면 돈이 없으면 저희는 아무것도 할 수 없고, 쉴 때, 또 놀러 갈 때도 뭐 아무거나 그 돈이(1.0) 돈이 필요하고, 돈을 써야 엄청 많은 혜택이나 그: 뭐 좋은 일상생활에 있는 좋은 거, 맛있는 것도 그렇고 그 좋은 경험도 그렇고 그런 거를 엄청 돈이 있어야 받을 수 있단, 있게 마련이잖아요. 그래서 저는 사생활도 중요하긴 하지만 제 개인적으로는 뭐 직장을 중심으로 생각하고 많은 돈을 벌고 싶다고 생각합니다.

이 발화 예의 경우 응답 발화가 막힘없이 진행되고 발화의 흐름상 부자연스럽거나 불필요한 휴지가 나타나지 않았다. 따라서 이 응답자는 '속도'의 측면에서 4급 수준에서 머뭇거림 없이 적합한 속도로 매우 유창하게 말하는 것으로 판단되어 '상'으로 판정 가능하다. 반면 아래의 발화 예를 살펴보면 응답 내용 중 발화의 흐름을 막히게 하는 불필요한 휴지들이 발화 곳곳에 나타남을 확인할 수 있다.

응답 발화 예 [19]

어, 암(1.0), 코로나 유행으로 인해, 어, 많은 직업이 엄(1.0), 집, 아, 집으로 바꿔, 어, 바꿔서, 엄(1.0), 요즘(1.0)은 암, 어, 제가, 아, 아, 선홍하는 방식은 어:: 예, 집에서 비대면 어: 일 하는 것은 어: 더, 더 낫다고 생각해요. 아((한숨)), 왜냐하면, 엄::: 어: 네, 어: ((한숨))(1.5), 어(1.0), 이 밖에서 일하는 것에(1.0) 비교하면 어, 집에서 다 일을 다 할 수((웃음)) 있어서 엄, 차이가 별로 없다고 믿어요((웃음)). 그래서 엄:(1.0) 아, 이 기회가 되면 엄(1.0), 집에서((한숨)) 어, 일하는 것을 더 좋아해요.(1.0) 그리고 엄:(2.0), ((한숨))(2.0) 어(2.0), 그리고 엄:

> 밖에서 일하는 단점, 단점은 엄, 에, 근무 어, 길거리, 길거리가, 엄(1.0) 어, 길, 길을 수 있어서, 엄: 많이 불편할 수 있어요. 또, 엄: 아, 집에서 일하는 어…….

　이 발화에는 밑줄 친 부분과 같이 총 14회의 불필요한 휴지 현상이 나타나는데 이러한 휴지는 주로 '암, 엄, 어' 등과 같은, 시간을 끌기 위한 담화표지에 이어서 나타나거나, 발화의 자연스러운 흐름을 막는 '흡'과 같은 한숨 소리 다음에 나타나거나, '밖에서 일하는 것에'와 같이 자연스럽게 이어져야 할 어절 뒤에 나타나기도 한다. 담화표지의 다양한 기능 중 발화에서 생각할 시간을 벌기 위한 경우, 어느 정도는 전략적으로 사용되기도 한다. 그러나 자연스러운 발화의 흐름을 방해할 정도로 부자연스럽게 이어지는 담화표지들은 반대로 유창성을 저해하는 요인으로 기능한다. 이러한 다양한 휴지 현상을 종합적으로 살펴볼 때 이 응답자의 발화는 이 글에서 제시한 속도의 평가 기준 중 '머뭇거림이 많아 원만한 의사소통에 방해가 된다.'에 해당되어 '하'로 판정된다.

말하기 숙달도 평가 기준

이 장에서는 말하기 숙달도 평가 기준에 대해서 문항 구성표, 실제 문항 사례, 등급별
채점 기준에 초점을 두어 살펴본다. 각 내용은 총 6단계의 숙달도별로 초급에서 고급에
이르기까지 구성되어 있다.

√ 말하기 숙달도 평가 문항 구성표에는 어떤 항목들이 포함되어야 할까?

√ 말하기 숙달도 평가의 실제 문항 사례를 본 적이 있는가?

√ 한국어 말하기 숙달도의 채점 기준은 등급별로 어떤 차이가 있을까?

1. 말하기 숙달도 평가 문항 구성표

이 책에 제시한 말하기 숙달도 평가 문항은 연세대학교 언어연구교육원 한국어학당에서 수행된 2020년 '연세 한국어 온라인 평가 도구 개발' 과제의 결과물 중 2023년 '한국어 평가 전문 교원 양성 교육과정 및 워크숍 모형 개발' 과제에서 공개된 말하기 숙달도 평가 문항 1개 세트 샘플이다. 본 도구는 단일 시험지에 의한 점수제 평가로 이후 말하기 모의시험과 평가자 양성 시범 워크숍 등의 절차를 거쳐 개발된 비공개 점수 척도에 따라 일정 점수 구간에 해당되는 경우 숙달도 등급이 결정되는 체제이다. 이 절에서는 2023년 워크숍에서 공개한 총 6개 문항을 중심으로 말하기 숙달도 평가 문항의 구성 내용 및 채점 기준을 살펴보고자 한다.

이를 위해 먼저 말하기 숙달도 평가 문항 구성표를 살펴보자. 문항 유형은 주제에 대해 소개하기, 주제에 대해 계획 서술하기, 주제에 대해 경험 서술하기, 사회적 변화에 대해 비교·대조하기, 사회 문제에 대해 의견 제시하기, 사회 문제의 원인과 해결 방안 제시하기로 구성되었다. 본 말하기 평가 도구의 1번 문항은 1급, 2번 문항은 2급, …, 6번 문항은 6급 등과 같이 각 문항의 숫자는 해당 숙달도 수준에 맞추어 개발되었다. 또한 각 문항은 해당 문항의 난이도에 따라 문항이 제시된 후 발화 응답까지의 준비 시간과 응답을 진행하는 대답 시간이 다르게 설정되어 있다.

〈표 30〉 말하기 숙달도 평가 문항 구성표

문제	말하기 유형	준비 시간(초)	대답 시간(초)
1	주제에 대해 소개하기	20	50
2	주제에 대해 계획 서술하기	30	60
3	주제에 대해 경험 서술하기	40	80
4	사회적 변화에 대해 비교·대조하기	50	120
5	사회 문제에 대해 의견 제시하기	60	150
6	사회 문제의 원인과 해결 방안 제시하기	70	180

2. 말하기 숙달도 평가 문항 예시

다음은 말하기 숙달도 평가 문항의 예시이다. 이 글에서는 각 문항의 구성에 대한 이해를 위해 문제를 푸는 방식에 대한 지시문, 문항, 문항 설명, 답변 방법, 모범 답안의 순으로 제시하였다. 그러나 본 도구가 실제로 수험자에게 제시될 경우에는 문제를 푸는 방식에 대한 지시문과 문항만이 제시된다. 또한 제시된 모범 답안의 경우 출제자가 예상하는 모범적인 답안의 예를 제시한 것으로 답이 정해진 '정답'과는 달리 해당 문항의 요건을 충족하기 위한 다양한 모범 답안이 존재할 수 있음을 밝힌다. 본 절에서는 지면 관계상 수험자에게 제시될 내용, 즉 문제를 푸는 방식에 대한 지시문과 문항만을 제시하였으므로 기타 자료는 〈부록 3〉을 참고하기 바란다.

2.1. 1급 문항 예시

*문제를 듣고 20초 동안 준비하십시오. 삐 소리가 나면 50초 동안 이야기하십시오.

1. 고향이 어디입니까? 무엇이 유명합니까? 고향을 소개하십시오.

– 고향 이름   – 고향에서 유명한 것 (2개)

2.2. 2급 문항 예시

*문제를 듣고 30초 동안 준비하십시오. 삐 소리가 나면 60초 동안 이야기하십시오.

2. 이번 방학 때 여행을 가려고 합니다. 어디로 가겠습니까? 여행을 가기 전에 무엇을 준비하겠습니까? 여행을 가서 무엇을 하겠습니까? 여행 계획에 대해 이야기하십시오.

– 여행을 갈 곳 – 여행을 가기 전에 할 일 – 여행지에서 할 일

2.3. 3급 문항 예시

> *문제를 듣고 40초 동안 준비하십시오. 삐 소리가 나면 80초 동안 이야기하십시오.
>
> 3. 기억에 남는 공연이나 영화, 드라마가 있습니까? 어떤 이야기이고 어떤 장면이 기억에 남는지 이야기하십시오.
>
> > – 공연이나 영화, 드라마 제목　　　– 중심 내용　　　– 기억에 남는 장면

2.4. 4급 문항 예시

> *문제를 듣고 50초 동안 준비하십시오. 삐 소리가 나면 120초 동안 이야기하십시오.
>
> 4. 최근 사회가 변화하고 기술이 발달하면서 직장의 업무 환경이 달라졌습니다. 생활의 분위기도 달라지고 있습니다. 다음 그림을 보고 최근 기술 발달의 변화로 과거와 현재의 근무 환경이 어떻게 달라졌는지 비교하고 어느 쪽을 선호하는지 이야기하십시오.
>
> > – 과거의 근무 환경
> > – 현재의 근무 환경
> > – 자신이 선호하는 방식
>
>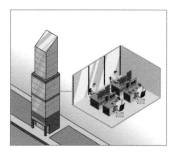

2.5. 5급 문항 예시

*문제를 듣고 60초 동안 준비하십시오. 삐 소리가 나면 150초 동안 이야기하십시오.

5. '조기 교육'은 지능 발달이 빠른 학령기 이전의 어린이를 대상으로 일정한 교과과정에 따라 실시하는 교육을 말합니다. 예를 들면 6살 이전에 외국어나 수학 교육 등을 시키는 경우가 이에 해당됩니다. 이러한 교육 방식에 대해 찬성하는지 반대하는지 말하고 그렇게 생각하는 두 가지 근거를 말하십시오. 필요한 경우 아래 도표의 내용을 활용할 수 있습니다.

- 조기 교육에 대한 입장 말하기
- 두 가지 근거 말하기

2.6. 6급 문항 예시

*문제를 듣고 70초 동안 준비하십시오. 삐 소리가 나면 180초 동안 이야기하십시오.

6. 최근 한국 사회 전반적으로 출산율이 급속히 하락하면서 저출산 현상이 심각해지고 있습니다. 저출산 현상의 원인과 문제점은 무엇이고 이를 해결하기 위한 방안으로는 어떤 것이 있는지 자신의 생각을 말하십시오.

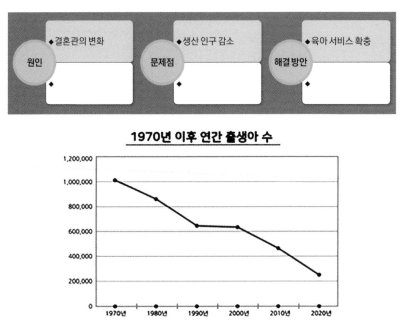

3. 한국어 말하기 숙달도 등급별 채점 기준 예시

다음은 본 말하기 숙달도 평가 도구의 각 등급별 채점 기준의 예시이다. 각 문항 별 평가 기준은 채점에 대한 개괄적인 설명과 함께 내용, 조직, 표현, 전달의 각 평가 범주에 따른 숙달도 및 해당 문항별 평가의 세부 내용이 제시되어 있다.

3.1. 1급 평가 기준

• 내용의 적합성은 세 가지 과제를 모두 말했는지 여부로써 측정된다.
• 전달은 발음, 억양 및 발화 속도가 1급 수준에서 어떠했는지를 측정한다.

〈표 31〉 1급 평가 기준표

평가 범주		평가 척도	세부 평가 내용
내용	적합성	상(3)	세 가지 과제(고향 이름과 고향과 관련된 유명한 음식, 장소, 생산물 등 중에서 두 가지)를 모두 말한다.
		중(2)	세 가지 과제 중 한 가지가 없다.
		하(1)	세 가지 과제 중 두 가지가 없다.
		(0)	주제에 맞지 않거나 알아들을 수 없거나 대답이 너무 짧아 평가할 수 없다.
	풍부성	상(3)	고향에서의 유명한 것을 소개함에 있어 유명한 이유나 특징 또는 부연 설명을 구체적으로 덧붙여 내용이 풍부하다.
		중(2)	고향에서의 유명한 것을 소개함에 있어 유명한 이유나 특징 또는 부연 설명을 덧붙였으나 내용이 간단하다.
		하(1)	고향에서의 유명한 것을 소개함에 있어 유명한 이유나 특징, 또는 부연 설명이 거의 없다.
		(0)	주제에 맞지 않거나 알아들을 수 없거나 대답이 너무 짧아 평가할 수 없다.
조직	체계성	상(3)	고향 소개를 시작하고 마무리하는 단계가 있다.
		중(2)	고향 소개를 시작하거나 마무리하는 단계 가운데 하나만 있다.
		하(1)	고향 소개를 시작하고 마무리하는 단계 중 어느 것도 없고 두서없이 과제를 수행하기에 급급하다.
		(0)	주제에 맞지 않거나 무슨 말인지 알아들을 수 없다.
	응집성	상(3)	접속사나 신구정보의 제시 순서 등 다양한 결속 장치를 적재적소에 사용하고 불필요한 내용이 없어서 응집성이 높다.
		중(2)	사용된 결속 장치 중 한 군데 이상에 오류가 있거나 불필요한 내용이 하나 있어서 응집력이 다소 떨어진다.
		하(1)	문맥을 이해할 수는 있으나 결속 장치가 전혀 없거나 불필요한 내용이 둘 이상 있어서 응집력이 많이 떨어진다.

평가 범주	평가 척도	세부 평가 내용
	(0)	주제에 맞지 않거나 알아들을 수 없거나 대답이 너무 짧아 평가할 수 없다.
표현	정확성 상(3)	전체 발화 중 오류가 적어 내용 전달에 문제가 없다. *격조사 및 기타 동일 오류는 매번 각각의 오류로 적용한다. *발화량이 적은 경우(예: 50% 미만일 경우) 정확성을 한 단계 감점한다.
	중(2)	오류가 꽤 있어 내용 전달에 다소 영향을 준다.
	하(1)	오류가 매우 많아 내용 전달에 많이 영향을 준다.
	(0)	주제에 맞지 않거나 알아들을 수 없거나 오류가 너무 많아 내용을 이해할 수 없다.
	다양성 상(3)	1급 수준의 다양한 어휘와 문법을 잘 사용한다.
	중(2)	1급 수준의 어휘와 문법 가운데 한 영역의 다양성이 부족하다.
	하(1)	단순한 어휘와 단문 위주의 문법만을 사용한다.
	(0)	주제에 맞지 않거나 알아들을 수 없거나 대답이 너무 짧아 평가할 수 없다.
전달	발음 및 억양 상(3)	1급 수준에서 발음이 매우 정확하고 억양이 아주 자연스럽다.
	중(2)	발음이 다소 부정확하고 억양이 다소 부자연스러우나 의사소통을 방해하지 않는다.
	하(1)	발음이 아주 부정확하고 억양이 아주 부자연스럽다.
	(0)	주제에 맞지 않거나 알아들을 수 없거나 대답이 너무 짧아 평가할 수 없다.
	속도 상(3)	1급 수준에서 머뭇거림 없이 매우 유창하게 말한다.
	중(2)	머뭇거림이 다소 있으나 의사소통을 방해하지 않는다.
	하(1)	머뭇거림이 많아 의사소통을 하는 데 어려움이 있다.
	(0)	주제에 맞지 않거나 알아들을 수 없거나 발화량이 너무 적어서 평가할 수 없다.

3.2. 2급 평가 기준

· 내용의 적합성은 세 가지 과제를 모두 말했는지 여부로써 측정된다.
· 전달은 발음, 억양 및 발화 속도가 2급 수준에서 어떠했는지를 측정한다.

〈표 32〉 2급 평가 기준표

평가 범주		평가 척도	세부 평가 내용
내용	적합성	상(3)	여행지, 준비 단계, 여행지에서 할 일을 모두 말한다.
		중(2)	여행지, 준비 단계, 여행지에서 할 일 가운데 한 가지가 없다.
		하(1)	여행지, 준비 단계, 여행지에서 할 일 가운데 두 가지가 없다.
		(0)	주제에 맞지 않거나 알아들을 수 없거나 대답이 너무 짧아 평가할 수 없다.
	풍부성	상(3)	여행 계획 과정에서 필요한 정보, 준비 이유, 방법 중 두 가지 이상을 구체적으로 설명하여 내용이 풍부하다.
		중(2)	여행 계획 과정에서 필요한 정보, 준비 이유, 방법 중 한 가지를 구체적으로 서술하여 내용이 풍부하거나, 세 가지 중심 내용의 흐름을 묘사하였으나 내용이 간단하다.
		하(1)	여행 계획 과정에서 필요한 정보, 준비 이유, 방법 등에 대한 부연 설명이 거의 없다.
		(0)	주제에 맞지 않거나 알아들을 수 없거나 대답이 너무 짧아 평가할 수 없다.
조직	체계성	상(3)	여행 계획에 대한 발화를 시작하고 마무리하는 단계가 있다.
		중(2)	여행 계획에 대한 발화를 시작하거나 마무리하는 단계 가운데 하나만 있다.
		하(1)	여행 계획에 대한 발화를 시작하고 마무리하는 단계 중 어느 것도 없고 두서없이 과제를 수행하기에 급급하다.
		(0)	주제에 맞지 않거나 무슨 말인지 알아들을 수 없다.
	응집성	상(3)	접속사나 신구정보의 제시 순서 등 다양한 결속 장치를 적재적소에 사용하고 불필요한 내용이 없어서 응집성이 높다.
		중(2)	사용된 결속 장치 중 한 군데 이상에 오류가 있거나 불필요한 내용이 하나 있어서 응집력이 다소 떨어진다.
		하(1)	문맥을 이해할 수는 있으나 결속 장치가 전혀 없거나 불필요한 내용

평가 범주	평가 척도	세부 평가 내용
		이 둘 이상 있어서 응집력이 많이 떨어진다.
	(0)	주제에 맞지 않거나 알아들을 수 없거나 대답이 너무 짧아 평가할 수 없다.
표현	정확성 상(3)	전체 발화 중 오류가 적어 내용 전달에 문제가 없다. *격조사 및 기타 동일 오류는 매번 각각의 오류로 적용한다. *발화량이 적은 경우(예: 50% 미만일 경우) 정확성을 한 단계 감점한다.
	중(2)	오류가 꽤 있어 내용 전달에 다소 영향을 준다.
	하(1)	오류가 매우 많아 내용 전달에 많이 영향을 준다.
	(0)	주제에 맞지 않거나 알아들을 수 없거나 오류가 너무 많아 내용을 이해할 수 없다.
	다양성 상(3)	2급 수준의 다양한 어휘와 문법을 잘 사용한다. *급별 어휘, 문법 목록 참조
	중(2)	2급 수준의 어휘와 문법을 조금(2개 내외) 사용한다. *급별 어휘, 문법 목록 참조
	하(1)	2급 수준의 어휘와 문법을 거의 사용하지 않고 1급 수준의 어휘와 문법을 사용한다. *급별 어휘, 문법 목록 참조
	(0)	주제에 맞지 않거나 알아들을 수 없거나 대답이 너무 짧아 평가할 수 없다.
전달	발음 및 억양 상(3)	2급 수준에서 발음이 매우 정확하고 억양이 아주 자연스럽다.
	중(2)	발음이 다소 부정확하고 억양이 다소 부자연스러우나 의사소통을 방해하지 않는다.
	하(1)	발음이 아주 부정확하고 억양이 아주 부자연스럽다.
	(0)	주제에 맞지 않거나 알아들을 수 없거나 대답이 너무 짧아 평가할 수 없다.
	속도 상(3)	2급 수준에서 머뭇거림 없이 매우 유창하게 말한다.
	중(2)	머뭇거림이 다소 있으나 의사소통을 방해하지 않는다.
	하(1)	머뭇거림이 많아 의사소통을 하는 데 어려움이 있다.
	(0)	주제에 맞지 않거나 알아들을 수 없거나 발화량이 너무 적어서 평가할 수 없다.

3.3. 3급 평가 기준

• 내용의 적합성은 세 가지 과제를 모두 말했는지 여부로써 측정된다.
• 전달은 발음, 억양 및 발화 속도가 3급 수준에서 어떠했는지를 측정한다.

〈표 33〉 3급 평가 기준표

평가 범주		평가 척도	세부 평가 내용
내용	적합성	상(3)	제목, 중심 내용, 기억에 남는 장면을 모두 말한다.
		중(2)	제목, 중심 내용, 기억에 남는 장면 가운데 한 가지가 없다.,
		하(1)	제목, 중심 내용, 기억에 남는 장면 가운데 두 가지가 없다.
		(0)	주제에 맞지 않거나 알아들을 수 없거나 대답이 너무 짧아 평가할 수 없다.
	풍부성	상(3)	과제 내용 중 두 가지 이상을 구체적으로 서술하고 상황을 구체적으로 묘사하여 내용이 풍부하다.
		중(2)	과제 내용 중 한 가지를 구체적으로 서술하여 내용이 풍부하거나, 두 가지 중심 내용의 흐름을 묘사하였으나 내용이 간단하다.
		하(1)	구체적인 상황 설명이나 묘사가 거의 없다.
		(0)	주제에 맞지 않거나 알아들을 수 없거나 대답이 너무 짧아 평가할 수 없다.
조직	체계성	상(3)	공연(영화, 드라마)의 내용을 소개함에 있어 시작하고 마무리하는 단계가 있다.
		중(2)	내용을 시작하거나 마무리하는 단계 가운데 하나만 있다.
		하(1)	소개를 시작하고 마무리하는 단계 중 어느 것도 없고 두서없이 과제를 수행하기에 급급하다.
		(0)	주제에 맞지 않거나 무슨 말인지 알아들을 수 없다.
	응집성	상(3)	접속사나 신구정보의 제시 순서 등 다양한 결속 장치를 적재적소에 사용하고 불필요한 내용이 없어서 응집성이 높다.
		중(2)	사용된 결속 장치 중 한 군데 이상에 오류가 있거나 불필요한 내용이 하나 있어서 응집력이 다소 떨어진다.
		하(1)	문맥을 이해할 수는 있으나 결속 장치가 전혀 없거나 불필요한 내용이 둘 이상 있어서 응집력이 많이 떨어진다.
		(0)	주제에 맞지 않거나 알아들을 수 없거나 대답이 너무 짧아 평가할 수 없다.

표현	정확성	상(3)	전체 발화 중 오류가 적어 내용 전달에 문제가 없다. *격조사 및 기타 동일 오류는 매번 각각의 오류로 적용한다. *발화량이 적은 경우(예: 50% 미만일 경우) 정확성을 한 단계 감점한다.
		중(2)	오류가 꽤 있어 내용 전달에 다소 영향을 준다.
		하(1)	오류가 매우 많아 내용 전달에 많이 영향을 준다.
		(0)	주제에 맞지 않거나 알아들을 수 없거나 오류가 너무 많아 내용을 이해할 수 없다.
	다양성	상(3)	3급 수준의 다양한 어휘와 문법을 잘 사용한다. *급별 어휘, 문법 목록 참조
		중(2)	3급 수준의 어휘와 문법을 조금(2개 내외) 사용한다. *급별 어휘, 문법 목록 참조
		하(1)	3급 수준의 어휘와 문법을 거의 사용하지 않고 2급 수준의 어휘와 문법을 사용한다. *급별 어휘, 문법 목록 참조
		(0)	주제에 맞지 않거나 알아들을 수 없거나 대답이 너무 짧아 평가할 수 없다.
전달	발음 및 억양	상(3)	3급 수준에서 발음이 매우 정확하고 억양이 아주 자연스럽다.
		중(2)	발음이 다소 부정확하고 억양이 다소 부자연스러우나 의사소통을 방해하지 않는다.
		하(1)	발음이 아주 부정확하고 억양이 아주 부자연스러워 의사소통을 방해한다.
		(0)	주제에 맞지 않거나 알아들을 수 없거나 대답이 너무 짧아 평가할 수 없다.
	속도	상(3)	3급 수준에서 머뭇거림 없이 적합한 속도로 매우 유창하게 말한다.
		중(2)	머뭇거림이 다소 있으나 의사소통을 방해하지 않는다.
		하(1)	머뭇거림이 많아 원만한 의사소통에 방해가 된다.
		(0)	주제에 맞지 않거나 알아들을 수 없거나 발화량이 너무 적어서 평가할 수 없다.

3.4. 4급 평가 기준

- 내용의 적합성은 세 가지 과제를 모두 말했는지 여부로써 측정된다.
- 전달은 발음, 억양 및 발화 속도가 4급 수준에서 어떠했는지를 측정한다.

〈표 34〉 4급 평가 기준표

평가 범주		평가 척도	세부 평가 내용
내용	적합성	상(3)	과거와 현재의 근무 환경을 비교하고 자신이 선호하는 방식을 말한다.
		중(2)	과거와 현재의 근무 환경과 선호하는 방식 가운데 한 가지가 없다.
		하(1)	과거와 현재의 근무 환경과 선호하는 방식 가운데 두 가지가 없다.
		(0)	주제에 맞지 않거나 알아들을 수 없거나 대답이 너무 짧아 평가할 수 없다.
	풍부성	상(3)	과거와 현재의 근무 환경에 대한 특징을 비교함에 있어 구체적인 예시나 부연 설명을 들어 내용이 풍부하다.
		중(2)	과거와 현재의 근무 환경에 대한 특징을 비교함에 있어 구체적인 예시나 부연 설명이 간단하다.
		하(1)	과거와 현재의 근무 환경에 대한 특징을 비교함에 있어 구체적인 예시나 부연 설명이 거의 없다.
		(0)	주제에 맞지 않거나 알아들을 수 없거나 대답이 너무 짧아 평가할 수 없다.
조직	체계성	상(3)	근무 환경의 특징을 말하고 비교함에 있어 시작하고 마무리하는 단계가 있다.
		중(2)	근무 환경의 특징을 말하고 비교함에 있어 시작하거나 마무리하는 단계 가운데 하나만 있다.
		하(1)	근무 환경의 특징을 말하고 비교함에 있어 시작하고 마무리하는 단계 중 어느 것도 없고 두서없이 과제를 수행하기에 급급하다.
		(0)	주제에 맞지 않거나 무슨 말인지 알아들을 수 없다.
	응집성	상(3)	접속사나 신구정보의 제시 순서 등 다양한 결속 장치를 적재적소에 사용하고 불필요한 내용이 없어서 응집성이 높다.
		중(2)	사용된 결속 장치 중 한 군데 이상에 오류가 있거나 불필요한 내용이 하나 있어서 응집력이 다소 떨어진다.
		하(1)	문맥을 이해할 수는 있으나 결속 장치가 전혀 없거나 불필요한 내용

평가 범주		평가 척도	세부 평가 내용
			이 둘 이상 있어서 응집력이 많이 떨어진다.
		(0)	주제에 맞지 않거나 알아들을 수 없거나 대답이 너무 짧아 평가할 수 없다.
표현	정확성	상(3)	전체 발화 중 오류가 적어 내용 전달에 문제가 없다. *격조사 및 기타 동일 오류는 매번 각각의 오류로 적용한다 *발화량이 적은 경우(예: 50% 미만일 경우) 정확성을 한 단계 감점한다.
		중(2)	오류가 꽤 있어 내용 전달에 다소 영향을 준다.
		하(1)	오류가 매우 많아 내용 전달에 많이 영향을 준다.
		(0)	주제에 맞지 않거나 알아들을 수 없거나 오류가 너무 많아 내용을 이해할 수 없다.
	다양성	상(3)	4급 수준의 다양한 어휘와 문법을 잘 사용한다. *급별 어휘, 문법 목록 참조
		중(2)	4급 수준의 어휘와 문법을 조금(2개 내외) 사용한다. *급별 어휘, 문법 목록 참조
		하(1)	4급 수준의 어휘와 문법을 거의 사용하지 않고 3급 수준의 어휘와 문법을 사용한다. *급별 어휘, 문법 목록 참조
		(0)	주제에 맞지 않거나 알아들을 수 없거나 대답이 너무 짧아 평가할 수 없다.
전달	발음 및 억양	상(3)	4급 수준에서 발음이 매우 정확하고 억양이 아주 자연스럽다.
		중(2)	발음이 다소 부정확하고 억양이 다소 부자연스러우나 의사소통을 방해하지 않는다.
		하(1)	발음이 아주 부정확하고 억양이 아주 부자연스러워 의사소통을 방해한다.
		(0)	주제에 맞지 않거나 알아들을 수 없거나 대답이 너무 짧아 평가할 수 없다.
	속도	상(3)	4급 수준에서 머뭇거림 없이 적합한 속도로 매우 유창하게 말한다.
		중(2)	머뭇거림이 다소 있으나 의사소통을 방해하지 않는다.
		하(1)	머뭇거림이 많아 원만한 의사소통에 방해가 된다.
		(0)	주제에 맞지 않거나 알아들을 수 없거나 발화량이 너무 적어서 평가할 수 없다.

3.5. 5급 평가 기준

• 내용의 적합성은 세 가지 과제를 모두 말했는지 여부로써 측정된다.
• 전달은 발음, 억양 및 발화 속도가 5급 수준에서 어떠했는지를 측정한다.

〈표 35〉 5급 평가 기준표

평가 범주		평가 척도	세부 평가 내용
내용	적합성	상(3)	조기 교육에 대한 자신의 의견과 근거 두 가지를 모두 말한다.
		중(2)	조기 교육에 대한 자신의 의견과 근거 두 가지 등 세 가지 과제 가운데 한 가지가 없다.
		하(1)	조기 교육에 대한 자신의 의견과 근거 두 가지 등 세 가지 과제 가운데 두 가지가 없다.
		(0)	주제에 맞지 않거나 알아들을 수 없거나 대답이 너무 짧아 평가할 수 없다.
	풍부성	상(3)	조기 교육에 대한 자신의 입장을 옹호하는 근거로 구체적인 예시를 들거나 부연 설명을 하여 내용이 풍부하다.
		중(2)	조기 교육에 대한 자신의 입장을 옹호하는 근거로 예시를 들거나 부연 설명을 하였으나 내용이 간단하다.
		하(1)	조기 교육에 대한 자신의 입장을 옹호하는 근거를 말함에 있어 예시나 부연 설명이 거의 없다.
		(0)	주제에 맞지 않거나 알아들을 수 없거나 대답이 너무 짧아 평가할 수 없다.
조직	체계성	상(3)	조기 교육에 대한 자신의 입장을 제시함에 있어 시작하고 마무리를 할 수 있다.
		중(2)	조기 교육에 대한 자신의 입장을 제시함에 있어 시작하거나 마무리하는 단계 가운데 하나만 있다.
		하(1)	조기 교육에 대한 자신의 입장을 제시함에 있어 시작하거나 마무리하는 단계 중 어느 것도 없고 두서없이 과제를 수행하기에 급급하다.
		(0)	주제에 맞지 않거나 무슨 말인지 알아들을 수 없다.
	응집성	상(3)	접속사나 신구정보의 제시 순서 등 다양한 결속 장치를 적재적소에 사용하고 불필요한 내용이 없어서 응집성이 높다.
		중(2)	사용된 결속 장치 중 한 군데 이상에 오류가 있거나 불필요한 내용이 하나 있어서 응집력이 다소 떨어진다.

평가 범주	평가 척도	세부 평가 내용
	하(1)	문맥을 이해할 수는 있으나 결속 장치가 전혀 없거나 불필요한 내용이 둘 이상 있어서 응집력이 많이 떨어진다.
	(0)	주제에 맞지 않거나 알아들을 수 없거나 대답이 너무 짧아 평가할 수 없다.
표현	정확성 상(3)	전체 발화 중 오류가 적어 내용 전달에 문제가 없다. *격조사 및 기타 동일 오류는 매번 각각의 오류로 적용한다. *발화량이 적은 경우(예: 50% 미만일 경우) 정확성을 한 단계 감점한다.
	정확성 중(2)	오류가 꽤 있어 내용 전달에 다소 영향을 준다.
	정확성 하(1)	오류가 매우 많아 내용 전달에 많이 영향을 준다.
	정확성 (0)	주제에 맞지 않거나 알아들을 수 없거나 오류가 너무 많아 내용을 이해할 수 없다.
	다양성 상(3)	고급 수준의 다양한 어휘와 문법을 잘 사용한다. *급별 어휘, 문법 목록 참조
	다양성 중(2)	고급 수준의 어휘와 문법을 조금(2개 내외) 사용한다. *급별 어휘, 문법 목록 참조
	다양성 하(1)	고급 수준의 어휘와 문법을 거의 사용하지 않고 4급 수준의 어휘와 문법을 사용한다. *급별 어휘, 문법 목록 참조
	다양성 (0)	주제에 맞지 않거나 알아들을 수 없거나 대답이 너무 짧아 평가할 수 없다.
전달	발음 및 억양 상(3)	5급 수준에서 발음이 매우 정확하고 억양이 아주 자연스럽다.
	발음 및 억양 중(2)	발음이 다소 부정확하고 억양이 다소 부자연스러우나 의사소통을 방해하지 않는다.
	발음 및 억양 하(1)	발음이 아주 부정확하고 억양이 아주 부자연스러워 의사소통을 방해한다.
	발음 및 억양 (0)	주제에 맞지 않거나 알아들을 수 없거나 대답이 너무 짧아 평가할 수 없다.
	속도 상(3)	5급 수준에서 머뭇거림 없이 적합한 속도로 매우 유창하게 말한다.
	속도 중(2)	머뭇거림이 다소 있으나 의사소통을 방해하지 않는다.
	속도 하(1)	머뭇거림이 많아 원만한 의사소통에 방해가 된다.
	속도 (0)	주제에 맞지 않거나 알아들을 수 없거나 발화량이 너무 적어서 평가할 수 없다.

3.6. 6급 평가 기준

- 내용의 적합성은 세 가지 과제를 모두 말했는지 여부로써 측정된다.
- 전달은 발음, 억양 및 발화 속도가 6급 수준에서 어떠했는지를 측정한다.

〈표 36〉 6급 평가 기준표

평가 범주		평가 척도	세부 평가 내용
내용	적합성	상(3)	저출산 현상의 원인, 문제, 해결 방안 세 가지를 모두 말한다.
		중(2)	저출산 현상의 원인, 문제, 해결 방안 가운데 한 가지가 없다.
		하(1)	저출산 현상의 원인, 문제, 해결 방안 가운데 두 가지가 없다.
		(0)	주제에 맞지 않거나 알아들을 수 없거나 대답이 너무 짧아 평가할 수 없다.
	풍부성	상(3)	저출산 현상의 원인과 문제를 구체적으로 말하고 해결 방안을 예를 들어 구체적으로 설명하여 내용이 풍부하다.
		중(2)	저출산 현상의 원인과 문제를 말하고 해결 방안을 말함에 있어 예시를 들거나 부연 설명을 하였으나 그 정도가 약해 내용이 간단하다.
		하(1)	저출산 현상의 원인과 문제, 해결 방안을 말함에 있어 예시나 부연 설명이 거의 없다.
		(0)	주제에 맞지 않거나 알아들을 수 없거나 대답이 너무 짧아 평가할 수 없다.
조직	체계성	상(3)	원인, 문제, 해결책을 제시함에 있어 도입부터 마무리까지 위계에 맞게 제시할 수 있다.
		중(2)	원인, 문제, 해결책을 제시함에 있어 도입하거나 마무리 짓기 가운데 하나의 단계만 충족하였다.
		하(1)	원인, 문제, 해결책을 제시함에 있어 도입하고 마무리하는 단계 중 어느 것도 없고 두서없이 과제를 수행하기에 급급하다.
		(0)	주제에 맞지 않거나 무슨 말인지 알아들을 수 없다.
	응집성	상(3)	접속사나 신구정보의 제시 순서 등 다양한 결속 장치를 적재적소에 사용하고 불필요한 내용이 없어서 응집성이 높다.
		중(2)	사용된 결속 장치 중 한 군데 이상에 오류가 있거나 불필요한 내용이 하나 있어서 응집력이 다소 떨어진다.
		하(1)	문맥을 이해할 수는 있으나 결속 장치가 전혀 없거나 불필요한 내용

평가 범주	평가 척도	세부 평가 내용
		이 둘 이상 있어서 응집력이 많이 떨어진다.
	(0)	주제에 맞지 않거나 알아들을 수 없거나 대답이 너무 짧아 평가할 수 없다.
표현	정확성 상(3)	전체 발화 중 오류가 적어 내용 전달에 문제가 없다. *격조사 및 기타 동일 오류는 매번 각각의 오류로 적용한다. *발화량이 적은 경우(예: 50% 미만일 경우) 정확성을 한 단계 감점한다.
	중(2)	오류가 꽤 있어 내용에 전달 다소 영향을 준다.
	하(1)	오류가 매우 많아 내용 전달에 많이 영향을 준다.
	(0)	주제에 맞지 않거나 알아들을 수 없거나 오류가 너무 많아 내용을 이해할 수 없다.
	다양성 상(3)	고급 수준의 다양한 어휘와 문법을 잘 사용한다. *급별 어휘, 문법 목록 참조
	중(2)	고급 수준의 어휘와 문법을 조금(2개 내외) 사용한다. *급별 어휘, 문법 목록 참조
	하(1)	고급 수준의 어휘와 문법을 거의 사용하지 않고 5급 수준의 어휘와 문법을 사용한다. *급별 어휘, 문법 목록 참조
	(0)	주제에 맞지 않거나 알아들을 수 없거나 대답이 너무 짧아 평가할 수 없다.
전달	발음 및 억양 상(3)	6급 수준에서 발음이 매우 정확하고 억양이 아주 자연스럽다.
	중(2)	발음이 다소 부정확하고 억양이 다소 부자연스러우나 의사소통을 방해하지 않는다.
	하(1)	발음이 아주 부정확하고 억양이 아주 부자연스러워 의사소통을 방해한다.
	(0)	주제에 맞지 않거나 알아들을 수 없거나 대답이 너무 짧아 평가할 수 없다.
	속도 상(3)	6급 수준에서 머뭇거림 없이 적합한 속도로 매우 유창하게 말한다.
	중(2)	머뭇거림이 다소 있으나 의사소통을 방해하지 않는다.
	하(1)	머뭇거림이 많아 원만한 의사소통에 방해가 된다.
	(0)	주제에 맞지 않거나 알아들을 수 없거나 발화량이 너무 적어서 평가할 수 없다.

5장

온라인 기반
말하기 숙달도
평가 도구 활용 방법

1. 컴퓨터 기반 언어 평가

2. 인터넷 기반 언어 평가

3. 인공지능 활용 온라인 평가

이 장에서는 온라인 말하기 숙달도 평가 방법에 대해 최근 시작된 컴퓨터 기반 언어 평가, 인터넷 기반 언어 평가, 인공지능 활용 온라인 평가를 중심으로 개략적으로 살펴본다.

√ 온라인 기반 말하기 숙달도 평가가 개발된 배경에는 어떤 요인이 있을까?

√ 대면 평가와 온라인 평가의 차이점은 무엇인가?

√ 온라인 기반 말하기 숙달도 평가에 인공지능 기술이 도입되면 어떤 장단점이 있을까?

기술 발전과 함께 언어 평가 방법이 변화하고 있다. 현재 언어 능력 평가 현장에는 종이 시험지를 사용하는 전통적 형태의 시험인 PBT(Paper Based Test), 컴퓨터로 시험을 치르는 CBT(Computer Based Test), 인터넷 기반의 IBT(Internet Based Test)가 공존하고 있다. 최근에는 인공지능(AI), 알고리즘16) 응용 프로그램 및 자연언어 처리 기술17)을 활용하여 온라인 언어 평가에 더 많은 변화와 발전이 진행되고 있다. 이미 일부 언어 평가의 경우 수험자의 실력에 따라 문제의 난이도가 다르게 형성되어 나오게 하거나 출제 범위, 난이도, 문제 형태 등을 고려해서 시험 당일 날 응시자들에게 각각 다른 유형의 시험 문제를 출제하는 것을 가능하게 하는 컴퓨터 적응형 평가(CAT: Computerized Adaptive Test) 방식을 따르고 있다.

온라인 언어 평가는 시간과 공간의 제약을 벗어나서 저렴한 비용으로 평가를 수행할 수 있다는 측면에서 매우 유용한 방식이나 인터넷 연결이나 컴퓨터 하드웨어 등 기술적 문제의 발생 가능성과 보안 문제 및 평가자와 수험자의 상호작용 부족에 따른 평가의 정확성 문제 등 단점도 간과할 수 없다. 이제 평가 현장에서는 다양한 평가 방식에 대한 이해를 바탕으로 평가 목적이나

---

16) 이 글에서 말하는 알고리즘이란 수학, 컴퓨터 과학, 전산어언어학 등 분야에서 문제 해결 방법을 정의한 '일련의 단계적 절차'를 의미한다.
17) 컴퓨터가 인간 언어를 이해하고 처리하는 기술로서 이는 인공지능의 핵심 기능 중의 하나로 번역, 음성인식, 맞춤법 검사, 오타 검열 등이 있다.

제반 환경에 따라 적절한 평가 방식을 선택하여 효율적으로 운용해야 할 것이다.

전통적인 대면 평가 방식은 말하기 숙달도 평가에서 과거부터 현재까지 지속적으로 사용되어 온 방식이다. 이러한 방식은 평가자와 수험자가 직접 만나서 말하기 능력을 평가하는 형태로 다음과 같은 장단점이 있다.

〈표 37〉 말하기 숙달도 평가에서 전통적 대면 평가 방식의 장단점

분류	내용
장점	1. 평가자가 응시자의 발음, 억양, 발화 내용 등을 직접 듣고 평가할 수 있다. 2. 평가자는 응시자의 반응을 즉시 확인하고 필요한 경우 부가적인 질문이나 확인 질문을 진행할 수 있다. 3. 진행상의 문제나 기술적인 문제가 발생할 가능성이 상대적으로 낮다.
단점	1. 평가를 수행하는 데 시간과 장소의 제약이 있다. 2. 평가에 수반되는 비용이 많이 든다. 3. 성적 발표에 걸리는 시간이 컴퓨터 채점에 비해 상대적으로 길어질 수 있다.

전통적인 대면 평가 방식은 평가자가 수험자의 발화를 직접 듣고 평가할 수 있으며, 평가자가 수험자에게 실시간으로 즉각적인 반응을 함으로써 더욱 정교한 평가를 할 수 있다는 점 그리고 진행이나 기술적인 문제 발생 가능성이 상대적으로 낮다는 장점이 있다. 반면 이는 시간과 장소의 제약이 있고, 이에 따른 비용 상승의 문제 및 채점 소요 시간 및 성적 발표가 길어지는 단점이 있다.

전통적 대면 평가 방식, 즉 오프라인 평가의 이러한 단점을 고려할 때 온라인 기반 평가는 시간과 공간의 제약 없이 평가가 가능하다는 점, 응시자가 답을 입력하면 바로 평가 결과와 피드백 제공이 가능하다는 점, 응시자 스스로 자기 수준에 맞는 평가 방법을 선택해 사용할 수 있다는 점, 응시자의 인상, 자세, 태도 등이 배제된다는 점에서 객관적 평가가 가능하다는 점 그리고 평가 장소를 확보하고 응시자가 평가 장소까지 이동해야 하는 등의 평가를 위한 소요 시간 및 비용을 절감할 수 있다는 장점이 있다(백영균, 1999). 그럼에도

불구하고 지금까지 교육 현장에서 온라인 평가는 오프라인 평가를 완전히 대체하기보다는 오프라인 평가를 보완하는 방안으로 여겨져 오는 경향이 있다 (이용상·신동광, 2020: 393). 그러나 코로나19 사태 이후 온라인 상호작용이 더욱 확장되면서 온라인 평가의 필요성은 더욱 부각되고 있다.

1. 컴퓨터 기반 언어 평가(CBT: Computer Based Test)

컴퓨터 기반 언어 평가, 즉 CBT(Computer Based Test)는 컴퓨터를 통해 문제를 제시받는 시험 방식을 말하는 것으로, 대표적인 CBT 평가 방식으로는 TOEFL 시험이 있다. TOEFL은 2000년 10월부터 컴퓨터를 사용하는 CBT (Computer Based Test)로 진행되었으며, 2005년 9월부터는 현재의 IBT(Internet Based Test)가 시행되고 있다. CBT는 대규모로 응시가 가능하다는 점, 듣기, 읽기, 쓰기 영역에 대한 평가가 가능하고 채점 및 성적 관리가 용이하다는 점을 장점으로 들 수 있다. 성공적인 CBT 시행을 위해서는 대규모 문제 은행 구축, 전용 프로그램 및 센서 등의 부대 기기 확보가 필요하다(황성은 2022: 334).

한국에서 시행되는 TOEFL의 경우 2006년 6월까지는 CBT 방식으로 시행됐으며 2006년 6월부터 iBT 방식이 잠시 병행되었다가 CBT 방식이 종료되면서 iBT 방식으로 전환되었다.[18] 언어 능력 평가에서 과학기술을 사용하는 가장 핵심적인 이유와 목적은 바로 평가의 효율성 때문이다. 특히 컴퓨터나 인터넷을 기반으로 하는 시험 방식은 더욱 효율적으로 빠르게 평가하고 객관적으로 점수를 제공한다는 점에서 언어 능력 평가 기관의 많은 관심을 받고 있다(양세정, 2023: 537).

---

18) 출처: https://www.cbtkorea.com/info/toefl_info.html

2. 인터넷 기반 언어 평가(IBT: Internet Based Test)

　IBT(Internet Based Test)는 인터넷 기반 시험을 말하는 것으로, TOEFL iBT가 대표적이다. CBT의 단점을 보완한 방식으로 CBT의 장점은 그대로 유지한 채 말하기 영역에 대한 평가가 가능해졌다는 점, 인터넷을 기반으로 했다는 점을 장점으로 꼽을 수 있다. 즉, IBT 방식을 통해 실제 언어 사용 환경을 시험에 그대로 반영할 수 있게 되었고 보다 소통적이고 유연한 시험 실시가 가능하게 된 것이다. TOEFL iBT는 중앙 채점 네트워크에서 채점하는데 읽기와 듣기 영역은 컴퓨터가 채점하고, 말하기와 쓰기 영역은 자동화된 AI 채점과 고도로 교육을 받은 다수의 채점자가 결합하여 채점을 진행한다. 이로써 응시자의 언어 능력을 완전하고 정확하게 평가할 수 있으며, 직접 면담에서 발생할 수 있는 채점자의 편견을 최소화할 수 있다. 또한 일관성과 최고 품질을 보장할 수 있는 체계를 갖추게 된다(황성은 2022: 334~337).

　한국어능력시험(TOPIK)의 경우 말하기 평가는 2022년 11월 19일에 IBT 방식으로 제1회 시험이 시행되었다. 2022년 11월 정규 한국어 말하기 능력 평가 시험의 시행에 앞서 교육부 산하 기관인 국립국제교육원은 2019년과 2020년 사이 총 3회의 모의 시행을 하고 2021년과 2022년 사이에 총 4회의 시범 시행을 하였다(김경선, 2019: 447). 양세정(2023)에 따르면 언어 능력 평가에서 90년대 중반부터 컴퓨터와 인터넷의 사용이 급속도로 증가하면서 컴퓨터 적응형 평가(CAT: Computerized Adaptive Test) 시스템이 도입되었다. CAT 시스템에서는 모든 응시자가 같은 문항 수의 시험을 봐야 하는 전통적인 방식과 달리 응시자의 정답률에 따라 다음 항목의 난이도가 다르게 제시되어 언어 숙달도(proficiency)에 따라 더 짧은 시간 내에 객관적인 평가 결과를 끌어 낼 수 있도록 설계되었다. 하지만 이러한 과학기술의 발달로 인한 평가 방식 변화의 흐름에도 불구하고 영연방 국가에서 자주 사용하는 국제 영어능력시험인 IELTS(International English Language Testing System)에서는 아직도 면대면 인터뷰를 통해 말하기 능력을 평가하고 있다. 이러한 방식은 실제 의사소통 환경과 방식을 반영하고 있으며 인터넷과 컴퓨터가 제공되지 않는 국가나 지역에서도 시험을 치를 수 있다는 것이 장점이다. 다만 이러한 방식은 공간과 시간의 제약 그리고 면접관이 필요하기 때문에 효율성이 낮다는 단점이 있다(양세정, 2023: 538~540 참조).

3. 인공지능(AI: Artificial Intelligence) 활용 온라인 평가

최근 인공지능(AI: Artificial Intelligence)의 발전은 원격 교육에서의 평가 방식에 새로운 가능성을 보여주고 있다. 소위 챗봇(Chatbot)으로 알려져 있는 인공지능 로봇은 인간처럼 대화를 나눌 수 있는 프로그램으로 이러한 챗봇을 교수학습에 활용하고자 하는 연구(김재상, 2017; 김혜영·신동광·양혜진·이장호, 2019; 신동광, 2019; 추성엽·민덕기, 2019; Kim, 2016)가 다각도로 진행되고 있다. 이에 따라 인공지능을 활용한 평가 관련 연구도 다양한 방식으로 이루어질 것으로 예상된다. 온라인 평가는 텍스트 중심 평가, 하이퍼텍스트 중심 평가, 멀티미디어 중심 평가, 상호작용성을 이용한 평가로 진화되었으며(황상연·김두규·임병민·김정훈·이재무, 1999), 이 중 상호작용성을 이용한 평가가 가장 진일보한 평가라 할 수 있다(이용상·신동광, 2020: 391~394).

말하기 숙달도 평가의 경우 인공지능을 활용할 경우 현재 인터넷 기반 IBT 평가에서 부족한 상호작용성과 즉각성을 보완하여 실제 면대면 실시간 평가와 같은 효과를 지향할 수 있다. 이러한 효과를 위해 챗봇 활용이 고려된다. 챗봇(chatbot)은 채팅(Chatting)과 로봇(Robot)의 합성어로 음성이나 문자를 통한 인간과의 대화를 통해서 특정한 작업을 수행하도록 제작된 인공지능 컴퓨터 프로그램이다. 박정아·이향(2021)은 인공지능 챗봇을 구조, 플랫폼, 목적에 따라 다음과 같이 분류하였다.

〈표 38〉 챗봇의 분류(박정아·이향, 2021: 57)

구분	분류	기능
구조	규칙 기반 챗봇	시나리오 기반 챗봇, 수목도 기반 챗봇(tree-based chatbot)이라고도 하며 개발자가 미리 만들어서 데이터베이스에 저장해 놓은 대화 시나리오, 규칙에 따라 답하는 챗봇으로 버튼, 키워드, 캐치프레이즈(catch phrase) 등의 기능을 활용할 수 있다.
	인공지능 기반 챗봇	규칙 기반 챗봇을 기반으로 하여 자연어 처리를 머신러닝으로 지원하는 챗봇이다. 사용자와 조금 더 자유로운 대화가 가능하다.
플랫폼	텍스트 기반 챗봇	텍스트를 통하여 인공지능 혹은 규칙대로 사용자와 의사소통할 수 있다.
	음성 기반 챗봇	음성 인식을 통하여 사용자가 원하는 기능을 수행하고 사용자와 의사소통할 수 있다.
목적	범용 챗봇	Siri나 Cortana처럼 일반적인 지식에 대한 질문이 가능한 챗봇으로 일상생활에서의 질문들에 대한 답을 해 주거나 재미, 흥미를 위하여 만들어졌다.
	전문 챗봇	발음 연습 챗봇, 말하기 연습 챗봇 등과 같이 한 가지 분야에 대해 전문적인 대화를 할 수 있도록 개발되었다.

이러한 구분에 따르면 말하기 숙달도 평가에서 적용할 수 있는 챗봇은 구조 면에서 인공지능 기반 챗봇, 플랫폼 면에서 음성 기반 챗봇 그리고 목적 면에서 외국어 교육 및 평가를 위해 개발된 전문 챗봇으로 분류해 볼 수 있겠다.

인공지능 챗봇은 미리 입력된 시나리오상 대화뿐만이 아니라 그와 비슷한 의미의 문장이나 단어를 이해하여 반응하기 때문에 보다 자유롭고 유연한 대화가 가능하다. 하지만 초기 개발 비용이 비싸고 시간도 오래 걸린다는 단점이 있으며, 머신러닝을 위해서는 대량의 정제된 양질의 데이터가 필요하고 이를 관리할 수 있는 별도의 방법도 필요하다(박정아·이향, 2012 :58). 이러한 기술 환경을 갖추기 위해서는 향후 방대한 언어 자료 데이터를 기빈으로 한 인공지능 기술의 고도화가 필요하다.

제2언어 평가 도구는 PBT, CBT, IBT를 넘어 인공지능 활용 평가를 바라보고 있다. 한국어 숙달도 평가 도구 역시 이러한 기술의 발전에 따라 그동안 고도화시켜 온 내용을 첨단 도구에 적절한 방식으로 활용 가능하다. 다만 이러한 활용에는 앞서 살펴본 평가 도구의 타당도, 신뢰도 그리고 실용도가 충분히 고려되어야 한다.

참고문헌

강수정(2017), 한국어 평가연구의 역사적 고찰, 언어와 정보 사회 31, 5~63쪽, 서강
　　대학교 언어정보연구소.

강승혜 외(2006), 한국어 평가론, 태학사.

강승혜 외(2019), 2019년 세종학당재단 숙달도 평가 도구 개발 연구 사업 최종보고
　　서, 세종학당재단.

곽지영·김미옥·김제열·손성희·전나영·정희정·조현선·한상미·한송화·황인교
　　(2007), 한국어 교수법의 실제, 연세대학교 출판부.

김경선(2022), 2021년 한국어능력시험(TOPIK) 말하기 평가 시범 시행 결과 분석,
　　국제한국어교육학회 춘계학술발표 논문집, 2022권, 322~342쪽, 국제한국어
　　교육학회.

김성숙·정여훈·조인옥·한상미·김미옥·황지선·장혜정·최혜영·김영은·주혜림·이
　　언숙·손은경·김선영·박혜란·심혜선·민지숙·박영희·송다금·백초롱·정송
　　이·이혜리·나윤하·송미현(2022), 연세 온라인 한국어 평가 문제은행 개발
　　연구 최종 보고서, 연세대학교 언어연구교육원 한국어학당.

김성숙·정여훈·조인옥·한상미·박경희·박혜란·임지숙·정지은·송미현(2023), 한국
　　어 평가 전문 교원 양성 교육과정 및 워크숍 모형 개발 연구 최종 보고서,
　　연세대학교 언어연구교육원 한국어학당.

김성숙·조인옥·박유현·박지원·안기정·이경하·이복자·이윤주·장선희·전지인·유
　　종혁(2020), 연세 한국어 온라인 평가 도구 개발 최종 보고서, 연세대학교
　　언어연구교육원 한국어학당.

김은실·강승혜(2019), 한국어교육 평가 관련 연구동향 분석: 동시출현단어 분석을

중심으로, 한국어교육 30(3), 1~20쪽, 국제한국어교육학회.

김은호·성지연·김서형(역) 2018, 제2언어 교실에서의 문법 교육: 의사소통 맥락에서 형태 초점 교수 통합하기, 한국문화사(Hossein Nassaji·Sandra Fotos, 2011, *Teaching Grammar in Second Language Classrooms-Integrating Form-Focused Instruction in Communicative Context*, Routledge Inc.).

김재덕(1988), 청해능력과 발화능력의 시험과 평가: 외국어로서의 한국어교육을 중심으로, 연세대학교 교육대학원 석사학위논문.

김재상(2017), 인간과 인공지능 기기의 상호작용이 EFL 환경에서 초등학생들의 협업적 언어 습득에 미치는 영향, 광주교육대학교 석사학위논문.

김중섭 외(2017), 2017년 국제 통용 한국어 표준 교육과정 적용 연구(4단계) 어휘, 문법 등급 목록, 국립국어원.

김지영(2018), 한국어 말하기 평가 채점자의 채점 경향 연구, 연세대학교 일반대학원 석사학위논문.

김혜영·신동광·양혜진·이장호(2019), 영어교과 보조 도구로서의 AI 챗봇 분석 연구, 학습자중심교과교육연구 19(1), 89~110쪽, 학습자중심교과교육학회.

노대규(1983), 외국어로서의 한국어 시험과 평가, 이중언어학 1, 39~170쪽, 이중언어학회.

노대규(1996), 한국어의 입말과 글말, 국학자료원.

민덕기(2019), 초등영어 예비교사들의 AI 챗봇 개발 활동 연구, 초등영어교육 25(4), 169~190쪽, 한국초등영어교육학회.

박정아·이향(2021), 한국어 교육용 AI 챗봇 빌더 활용 방안 연구, 외국어로서의 한국어교육, 63집, 51~91쪽, 연세대학교 언어연구교육원.

백영균(1999), 웹기반 학습의 설계, 양서원.

서영민(2020), 한국어 말하기 평가 문항 개발을 위한 영어권 말하기 평가 비교 연구: 주제 및 유형을 중심으로, 연세대학교 교육대학원 석사학위논문.

신동광(2019), 영어 쓰기 능력 향상을 위한 AI 챗봇 활용 방안 탐색, 교원교육 35(1), 41~55쪽, 한국교원대학교 교육연구원.

양세정(2023), 한국어능력시험(TOPIK) 말하기 평가 분석과 응시자 피드백 고찰, 어문론집 제95집, 533~566쪽, 중앙어문학회.

이경·성아영(2021), 한국어 말하기 평가 연구 동향 분석, 한국언어문화학, 제18권 제2호, 199~245쪽, 국제한국언어문화학회.

이용상·신동광(2020), 원격교육 시대의 인공지능 활용 온라인 평가, 학습자중심교과교육연구, 제20권 14호, 389~407쪽, 학습자중심교과교육학회.

이해영(2006), 구어의 특징과 구조, 새국어생활 제16권 제2호, 국립국어연구원.

이희경·강승혜·김미옥·김제열·정희정·한상미·황인교(2002), 한국어 성취도 평가 문항 개발 연구, 외국어로서의 한국어교육 27집, 341~416쪽, 연세대학교 언어연구교육원 한국어학당.

장은아(2011), 한국어교육 평가 연구, 이중언어학 47, 351~382쪽, 이중언어학회.

전나영·한상미·윤은미·홍윤혜·배문경·정혜진·김수진·박보경·양수향(2007), 한국어 말하기 능력 평가 도구 개발 연구, 외국어로서의 한국어교육 제32집, 259~338쪽, 연세대학교 언어연구교육원 한국어학당.

지현숙·이혜란(2021), 한국어 말하기 시험의 구인과 과업에 관한 연구: 교실 평가를 중심으로, 외국어교육연구, 35(3), 117~132쪽, 한국외국어대학교 외국어교육연구소.

최길시(1991), 한국어 능력 검정 방안에 관한 연구, 연세대학교 교육대학원 석사학위논문.

추성엽·민덕기(2019). 영어 상호작용 촉진을 위한 과업 기반 AI 챗봇 활용 및 학생 발화분석, 초등영어교육 25(2), 27~52쪽, 한국초등영어교육학회.

한상미(2009), 학문 목적 한국어 말하기 평가 연구: 대학 입학 전 과정을 중심으로, 한국어교육 제20권 1호, 207~238쪽, 국제한국어교육학회.

황상연·김두규·임병민·김정훈·이재무(1999), 웹을 기반으로 한 학습자 진단 및 조언 시스템 구현, 한국정보교육학회 동계학술대회 자료집, 193~201쪽, 한국정보교육학회.

황성은(2022), 인터넷 기반 한국어 성취도 평가 개발을 위한 ICT 활용 방안 연구: 온라인 세종학당 중급 성취도 평가를 중심으로, 이중언어학 제87호, 331~345쪽, 이중언어학회.

황지유·원미진(2019), 일반화가능도 이론을 적용한 한국어 말하기 숙달도 평가의 신뢰도 및 타당도 분석, 국제어문 제81집, 321~349쪽, 국제어문학회.

Bachman, L. F. (1990), *Fundamentals of Language Testing*. Oxford: Oxford University Press.

Bachman, L. F., & Palmer, A.S.(1996), *Language testing in practice: Designing and developing useful language tests*, Oxford: Oxford University Press.

Brown, H. D.(1994), *Teaching By Principles*, Prentice Hall Regents.

Brown, H. D.(2007), *Principles of Language learning and teaching*, 5th edition. Pearson Education.

Canale, M. & Swain, M.(1980), Theoretical Bases of Communicative Approaches to Second Language Teaching and Testing, *Applied Linguistics*, 1(1): 1~47.

Canale, M.(1983), From Communicative Competence to Communicative Language Pedagogy, In J.C. Richards & R. W. Schmidt(Eds.), *Language and Communication*, 2~14, London: Longman.

Hymes, D.(1972), On Communicative Competence, In J.B. Pride and J. Holmes(Eds.), *Sociolinguistics*, 269~285, Harmondsworth: Penguin Books.

Hymes, D.(1974), *Foundations in Sociolinguistics: An Ethnographic approach*, Philadelphia: University of Philadelphia Press.

Kim, N-Y. (2016). Effects of voice chat on EFL learners' speaking ability according to proficiency levels. *Multimedia-Assisted Language Learning*, 19(4), 63~88.

O'Sullivan(2012), Assessing Speaking, In Coombe et al.(eds.), *The Cambridge Guide to Second Language Assessment*, 234~246, Cambridge: Cambridge University Press.

Schiffrin, D.(1994), *Approaches to Discourse*, Cambridge: Blackwell.

Tadayon, F. & Ravand, H.(2016), Using grounded theory to validate Bachman and Palmer's(1996) strategic competence in EFL graph-writing, *Language Testing in Asia*, 6(8): 1~29.

Trosborg A.(1994), *Interlanguage Pragmatics*, New York: Mouton de Gruyter.

Widdowson, H. G.(1990), *Aspects of Language Teaching*, Oxford: Oxford University Press.

[부록]

부록 1. 2017년 국제 통용 한국어 표준 교육과정 문법 등급 목록(4단계)[※]

부록 1. 2017년 국제 통용 한국어 표준 교육과정 문법 등급 목록(4단계)[※]

전체 번호	등급별 번호	등급	분류	대표형	관련형	의미	국제 통용 (2단계)	문법·표현 교육내용개발 (1~4단계)
1	1	1급	조사	이	가		초급	초급
2	2	1급	조사	과	와		초급	초급
3	3	1급	조사	까지		부터/까지	초급	초급
4	4	1급	조사	께서			초급	초급
5	5	1급	조사	은1	는1, ㄴ1	대조	초급	초급
6	6	1급	조사	도			초급	초급
7	7	1급	조사	을1	를, ㄹ1		초급	초급
8	8	1급	조사	이랑	랑		초급	초급
9	9	1급	조사	으로	로		초급	초급
10	10	1급	조사	부터	에서부터(서부터)		초급	초급
11	11	1급	조사	에	다가, 에다가(에다)		초급	초급
12	12	1급	조사	에게	에게로, 에게서		초급	초급
13	13	1급	조사	에서	서2		초급	초급
14	14	1급	조사	의			초급	초급
15	15	1급	조사	하고			초급	초급
16	16	1급	조사	만		단독	초급	초급
17	17	1급	조사	이다		지정사	초급	초급
18	18	1급	조사	한테			중급	초급
19	19	1급	조사	보다			초급	초급
20	20	1급	선어말어미	-겠-			초급	초급
21	21	1급	선어말어미	-었-	-았-, -였-		초급	초급
22	22	1급	선어말어미	-으시-	-시-		초급	초급
23	23	1급	연결어미	-고3		나열	초급	초급
24	24	1급	연결어미	-으니까	-니까		초급	초급
25	25	1급	연결어미	-으러	-러		초급	초급
26	26	1급	연결어미	-어서	-아서, -여서, -어2, -아2, -여1, -라서, -라4		초급	초급
27	27	1급	연결어미	-지만			초급	초급
28	28	1급	연결어미	-으려고1	-려고1, 으려, 려	의도	중급	초급
29	29	1급	종결어미	-습니까	-ㅂ니까		초급	초급
30	30	1급	종결어미	-습니다	-ㅂ니다		초급	초급
31	31	1급	종결어미	-읍시다	-ㅂ시다		초급	초급
32	32	1급	종결어미	-으세요	-세요, -으셔요, -셔요, -으시어요, -시어요		초급	초급
33	33	1급	종결어미	-으십시오	-십시오		초급	초급
34	34	1급	종결어미	-고4	-고요	덧붙여 서술	중급	초급
35	35	1급	종결어미	-을까	-ㄹ까, 을까요, -ㄹ까요		초급	초급
36	36	1급	종결어미	-어2	-아2, -여2, -아3, -어요, -아요, -여요, -에요		초급	초급
37	37	1급	표현	이 아니다	가 아니다		초급	초급
38	38	1급	표현	-고 싶다			초급	초급
39	39	1급	표현	-고 있다			초급	초급
40	40	1급	표현	-어야 되다	-아야 되다, -여야 되다, 〈유의〉 -어야 하다, -아야 하다, -여야 하다		초급	초급
41	41	1급	표현	-지 않다			초급	초급
42	42	1급	표현	-을 수 있다	-ㄹ 수 있다, 〈반의〉 -ㄹ 수 없다, -을 수 없다		초급	초급
43	43	1급	표현	-지 못하다			초급	초급
44	44	1급	표현	-기 전에	-기 전		초급	초급
45	45	1급	표현	-은 후에	-은 후, -ㄴ 후, 〈유의〉 -은 뒤에, -ㄴ 뒤에, -은 뒤, -ㄴ 뒤		초급	초급

※ 김중섭 외(2017), 2017년 국제 통용 한국어 표준 교육과정 적용 연구(4단계) 어휘, 문법 등급
목록, 국립국어원.

전체 번호	등급별 번호	등급	분류	대표형	관련형	의미	국제 통용 (2단계)	문법·표현 교육내용개발 (1~4단계)
46	1	2급	조사	께			초급	초급
47	2	2급	조사	마다			초급	초급
48	3	2급	조사	밖에			초급	초급
49	4	2급	조사	처럼			초급	초급
50	5	2급	조사	에서부터(서부터)				초급
51	6	2급	조사	에다가	에다			초급
52	7	2급	조사	에게로				초급
53	8	2급	조사	에게서				초급
54	9	2급	조사	한테서				초급
55	10	2급	조사	이나	나1		초급	초급
56	11	2급	연결어미	—거나			초급	초급
57	12	2급	연결어미	—는데1	—은데1, —ㄴ데1	대립, 배경	초급	초급
58	13	2급	연결어미	—으면	—면	가정	초급	초급
59	14	2급	연결어미	—으면서	—면서		초급	초급
60	15	2급	연결어미	—게2		목적	초급	초급
61	16	2급	연결어미	—다가1(1)	—다5, 다가도	중단	중급	초급
62	17	2급	전성어미	—기		명사형	초급	초급
63	18	2급	전성어미	—는2	—은3, —ㄴ3	관형사형(현재)	초급	초급
64	19	2급	전성어미	—은2	—ㄴ4	관형사형(과거)	초급	초급
65	20	2급	전성어미	—음2	—ㄹ2	관형사형	초급	초급
66	21	2급	전성어미	—은3				초급
67	22	2급	전성어미	—음	—ㅁ	명사형	초급	초급
68	23	2급	종결어미	—는군	—군, —는군요, —군요		초급	초급
69	24	2급	종결어미	—을게	—ㄹ게, 을게요, —ㄹ게요		초급	초급
70	25	2급	종결어미	—지	—지요(—죠)	서술, 물음, 명령, 요청	초급	초급
71	26	2급	종결어미	—는데2	—ㄴ데2, —은데2, —는데요, —ㄴ데요, —은데요	감탄	초급	초급
72	27	2급	종결어미	—네	—네요	감탄	중급	초급
73	28	2급	종결어미	—을래	—을래요, —ㄹ래요		고급	초급
74	29	2급	표현	—게 되다			초급	초급
75	30	2급	표현	—기 때문에	—기 때문이다		초급	초급
76	31	2급	표현	—기로 하다			초급	초급
77	32	2급	표현	—는 것 같다	—ㄴ 것 같다, —은 것 같다, —ㄹ 것 같다, —을 것 같다		초급	초급
78	33	2급	표현	—은 지2	—ㄴ 지2		초급	초급
79	34	2급	표현	—는 것	—은 것, —ㄴ 것, —을 것2, —ㄹ 것2		초급	초급
80	35	2급	표현	—는 동안에	—는 동안		초급	초급
81	36	2급	표현	—은 적이 있다	—ㄴ 적이 있다, —는 적이 있다 (반의) —은 적이 없다, —ㄴ 적이 없다, —는 적이 없다		초급	초급
82	37	2급	표현	—을 것1	—ㄹ 것1	명령/지시	초급	초급
83	38	2급	표현	—을 때	—ㄹ 때		초급	초급
84	39	2급	표현	—을까 보다	—ㄹ까 보다		초급	초급
85	40	2급	표현	—어 보다	—아 보다, —여 보다		초급	초급
86	41	2급	표현	—어 있다	—아 있다		초급	초급
87	42	2급	표현	—어 주다	—아 주다, —여 주다		초급	초급
88	43	2급	표현	—어도 되다	—아도 되다, —여도 되다		초급	초급
89	44	2급	표현	—지 말다			초급	초급
90	45	2급	표현	—을 수밖에 없다	—ㄹ 수밖에 없다		초급	초급
91	1	3급	조사	같이			중급	중급
92	2	3급	조사	이고	고1	모두 포함	중급	중급
93	3	3급	조사	대로			중급	중급
94	4	3급	조사	으로부터			중급	중급
95	5	3급	조사	만큼	(유의) 만치		중급	중급
96	6	3급	조사	보고			중급	중급
97	7	3급	조사	뿐			중급	중급
98	8	3급	조사	아1	야1	호격	중급	중급
99	9	3급	조사	요		존대	중급	중급
100	10	3급	조사	이라고1	라고1, 라3, 이라	직접 인용	고급	중급

전체 번호	등급별 번호	등급	분류	대표형	관련형	의미	국제 통용 (2단계)	문법·표현 교육내용개발 (1~4단계)
101	11	3급	선어말어미	-었었-	-았었-, -였었-		중급	중급
102	12	3급	연결어미	-거든1	거들랑	조건	중급	중급
103	13	3급	연결어미	-는다거나1	-ㄴ다거나1, -다거나1, -라거나1	나열	중급	중급
104	14	3급	연결어미	-는다고1	-다고1, -라고3, -으라고1, -자고1	이유	중급	중급
105	15	3급	연결어미	-으나	-나4	대립	중급	중급
106	16	3급	연결어미	-느라고	-느라		중급	중급
107	17	3급	연결어미	-도록			중급	중급
108	18	3급	연결어미	-어다가	-아다가, -여다가, -어다, -아다, -여다		중급	중급
109	19	3급	연결어미	-어도	-아도, -여도, -라도2, 이라도		중급	중급
110	20	3급	연결어미	-어야	-아야, -여야, -어야만, -아야만, -여야만		중급	중급
111	21	3급	연결어미	-어야지1	-아야지1, -여야지1	필수 조건	중급	중급
112	22	3급	연결어미	-었더니	-았더니, -였더니		중급	중급
113	23	3급	연결어미	-자마자	-자2		중급	중급
114	24	3급	연결어미	-다가1(2)	-다5, 다가도	중단	중급	중급
115	25	3급	연결어미	-으니2	-니4	이유	중급	중급
116	26	3급	연결어미	-으려면	-려면		고급	
117	27	3급	전성어미	-던-		관형사형	고급	중급
118	28	3급	종결어미	-거든2	거든요	이유	중급	중급
119	29	3급	종결어미	-는구나	-구나		중급	중급
120	30	3급	종결어미	-는다	-ㄴ다, -다2		중급	중급
121	31	3급	종결어미	-던데2	-던데요	감탄	중급	중급
122	32	3급	종결어미	-잖아	-잖아요		중급	중급
123	33	3급	종결어미	-자3		청유	고급	중급
124	34	3급	종결어미	-니2	-으니5	의문	고급	중급
125	35	3급	표현	-게 하다	〈유의〉-게 만들다, -도록 하다		중급	중급
126	36	3급	표현	-고 나다			중급	중급
127	37	3급	표현	-고 말다			중급	중급
128	38	3급	표현	-고 싶어 하다			중급	중급
129	39	3급	표현	-은 결과	-ㄴ 결과		중급	중급
130	40	3급	표현	-은 다음에	-ㄴ 다음에		중급	중급
131	41	3급	표현	-는 대신에	-ㄴ 대신에, -은 대신에		중급	중급
132	42	3급	표현	-는 만큼	-ㄴ 만큼, -은 만큼, -ㄹ 만큼, -을 만큼		중급	중급
133	43	3급	표현	-는 반면	-ㄴ 반면에, -은 반면에		중급	중급
134	44	3급	표현	-나 보다			중급	중급
135	45	3급	표현	-을 텐데	-ㄹ 텐데, -을 텐데요, -ㄹ 텐데요		중급	중급
136	46	3급	표현	-기 위해	-기 위해서, -기 위한, 을 위해, 를 위해		중급	중급
137	47	3급	표현	만 아니면			중급	중급
138	48	3급	표현	-으면 안 되다	-면 안 되다, 〈반의〉-으면 되다, -면 되다		중급	중급
139	49	3급	표현	-으면 좋겠다	-면 좋겠다		중급	중급
140	50	3급	표현	-어 가다	-아 가다, -여 가다		중급	중급
141	51	3급	표현	-어 가지고	-아 가지고, -여 가지고		중급	중급
142	52	3급	표현	-어 놓다	-아 놓다, -여 놓다		중급	중급
143	53	3급	표현	-어 두다	-아 두다, -여 두다		중급	중급
144	54	3급	표현	-어 드리다	-아 드리다, -여 드리다		중급	중급
145	55	3급	표현	-어야겠-	-아야겠-, -여야겠-		중급	중급
146	56	3급	표현	-어지다	-아지다, -여지다		중급	중급
147	57	3급	표현	에 대하여	에 대해, 에 대해서, 에 대한		중급	중급
148	58	3급	표현	-을 테니	-ㄹ 테니, -을 테니까, -ㄹ 테니까		중급	중급
149	59	3급	표현	-어 오다	-아 오다, -여 오다		중급	중급
150	60	3급	표현	-기는	-긴, -기는요, -긴요		고급	
151	61	3급	표현	-는 모양이다	-ㄴ 모양이다, -은 모양이다		고급	
152	62	3급	표현	-는 편이다	-은 편이다		고급	
153	63	3급	표현	-는가 보다	-ㄴ가 보다		고급	
154	64	3급	표현	-는 중이다			고급	
155	65	3급	표현	-으려다가	-려다가, -으려다, 려다		고급	
156	66	3급	표현	-어 보이다	-아보이다, -여 보이다		고급	

전체 번호	등급별 번호	등급	분류	대표형	관련형	의미	국제 통용 (2단계)	문법·표현 교육내용개발 (1~4단계)
157	67	3급	표현	—는다고3	—ㄴ다고3, —다고3, —라고5, —느냐고2, —나고2, —으냐고2, —자고3, —으라고3, —라고8	인용	고급	
158	1	4급	조사	커녕	ㄴ커녕, 는커녕, 은커녕		중급	중급
159	2	4급	조사	이나마	나마		중급	중급
160	3	4급	조사	이며	며, 이니, 니1, 하며, 하고, 이다2	나열	중급	중급
161	4	4급	조사	이든	든1, 이든지, 든지1, 이든가, 든가1	선택	중급	중급
162	5	4급	조사	이란	란1	정의	중급	중급
163	6	4급	조사	이면	면1	지정	중급	중급
164	7	4급	조사	이야	야2	강조	중급	중급
165	8	4급	조사	치고			중급	중급
166	9	4급	조사	까지2		마저	고급	
167	10	4급	조사	이라도	라도1	차선	고급	
168	11	4급	조사	으로서	로서		고급	
169	12	4급	조사	으로써	로써		고급	
170	13	4급	조사	마저			고급	
171	14	4급	연결어미	—거니와			중급	중급
172	15	4급	연결어미	—고도			중급	중급
173	16	4급	연결어미	—고자			중급	중급
174	17	4급	연결어미	—기에			중급	중급
175	18	4급	연결어미	—는지	—ㄴ지1, —은지1, —을지	의문	고급	
176	19	4급	연결어미	—다시피			중급	중급
177	20	4급	연결어미	—더라도			중급	중급
178	21	4급	연결어미	—든지2	—든2, 〈유의〉 —든가2	선택	중급	중급
179	22	4급	연결어미	—으므로	—므로		중급	중급
180	23	4급	연결어미	—을래야	—ㄹ래야		중급	중급
181	24	4급	연결어미	—고서	—고서는, —고서야		고급	중급
182	25	4급	연결어미	—는다면1	—ㄴ다면1, —다면1, —라면1	조건	고급	중급
183	26	4급	연결어미	—더니			고급	중급
184	27	4급	연결어미	—던데1		대립, 배경	고급	중급
185	28	4급	연결어미	—듯이			최상급	중급
186	29	4급	연결어미	—을수록	—ㄹ수록		고급	
187	30	4급	연결어미	—으며	—며2	나열/동시	고급	
188	31	4급	종결어미	—는다니2	—ㄴ다니2, —다니3, —라니3	의문	중급	중급
189	32	4급	종결어미	—더군	—더군요		중급	중급
190	33	4급	종결어미	—더라			중급	중급
191	34	4급	종결어미	—어라1	—아라1, —여라1	명령	중급	중급
192	35	4급	종결어미	—게5	—게요1	의문	고급	중급
193	36	4급	종결어미	—는다면서1	—ㄴ다면서1, —다면서1, —라면서1, —는다면서요, —다면서요, —라면서요	의문	고급	중급
194	37	4급	종결어미	—나3	—나요	의문	고급	중급
195	38	4급	종결어미	—을걸	—ㄹ걸, —을걸요, —ㄹ걸요		고급	중급
196	39	4급	종결어미	—어야지2	—아야지2, —여야지2, —어야지요, —아야지요, —여야지요		고급	중급
197	40	4급	종결어미	—고4	—고요	덧붙여 질문	중급	중급
198	41	4급	종결어미	—다니	—다니요, —라니1, —라니요1		고급	
199	42	4급	표현	—을 따름이다	—ㄹ 따름이다, 〈유의〉 —을 뿐이다, ㄹ 뿐이다		중급	중급
200	43	4급	표현	—고 들다			중급	중급
201	44	4급	표현	—고 보다			중급	중급
202	45	4급	표현	—고 해서			중급	중급
203	46	4급	표현	—는 김에	—ㄴ 김에, —은 김에		중급	중급
204	47	4급	표현	—는 대로	—ㄴ 대로1, —ㄴ 대로2, —은 대로1, —은 대로2		중급	중급
205	48	4급	표현	—는 사이에	—는 사이		중급	중급
206	49	4급	표현	—는 듯	—ㄴ 듯, 은 듯 —ㄹ 듯, —을 듯		중급	중급
207	50	4급	표현	—는 줄	—ㄴ 줄, —은 줄, ㄹ 줄, —을 줄		중급	중급
208	51	4급	표현	—는 탓에	—ㄴ 탓에, —은 탓에, 〈반의 관계〉 —는 덕분에		중급	중급
209	52	4급	표현	—는다거나2	—ㄴ다거나2, —다거나2, —라거나2	선택	중급	중급
210	53	4급	표현	—나 싶다			중급	중급
211	54	4급	표현	—는 바람에			중급	중급

전체 번호	등급별 번호	등급	분류	대표형	관련형	의미	국제 통용 (2단계)	문법·표현 교육내용개발 (1~4단계)
212	55	4급	표현	–는 한			중급	중급
213	56	4급	표현	으로 인하여	로 인하여, 으로 인해, 로 인해		중급	중급
214	57	4급	표현	만 같아도			중급	중급
215	58	4급	표현	–어 대다	–아 대다, –여 대다		중급	중급
216	59	4급	표현	–어서인지	–아서인지, –여서인지		중급	중급
217	60	4급	표현	에 따라	에 따르면		중급	중급
218	61	4급	표현	에 비하여	에 비하면		중급	중급
219	62	4급	표현	에 의하여	에 의하면		중급	중급
220	63	4급	표현	–어 버리다	–아 버리다, –여 버리다		중급	중급
221	64	4급	표현	–을 모양이다	–ㄹ 모양이다		고급	
222	65	4급	표현	–을 뻔하다	–ㄹ 뻔하다		고급	
223	66	4급	표현	–는대2	–ㄴ대2, –는대요2, –대2, –대요2, –래2, –래요2, –으래2, –으래요2, –래4, –재, –재요	인용	고급	
224	67	4급	표현	–는 통에			최상급	
225	1	5급	조사	이라든가	라든가1, 이라든지, 라든지1	선택	중급	
226	2	5급	조사	따라			고급	
227	3	5급	조사	조차			고급	
228	4	5급	연결어미	–지1		대조	초급	
229	5	5급	연결어미	–을뿐더러	–ㄹ뿐더러		중급	
230	6	5급	연결어미	–고는	–곤, –고는 하다, –곤 하다		고급	
231	7	5급	연결어미	–길래			고급	
232	8	5급	연결어미	–다가는	–다간, –단1		고급	
233	9	5급	연결어미	–을지라도	–ㄹ지라도		고급	
234	10	5급	연결어미	–느니1	–느니보다, –느니보다는	비교	고급	
235	11	5급	종결어미	–네2		감탄	중급	
236	12	5급	종결어미	–다4		서술(신문)	중급	
237	13	5급	종결어미	–다니1	–다니요, –라니1, –라니요1, 으라니1, –으라니요	감탄	중급	
238	14	5급	종결어미	–으려고2	–려고2, –려고요, –으려고요	의심	중급	
239	15	5급	종결어미	–거라			고급	
240	16	5급	종결어미	–고말고	–고말고요		고급	
241	17	5급	종결어미	–는가1	–ㄴ가1, –은가1	의문	고급	
242	18	5급	종결어미	–는걸	–ㄴ걸, –은걸, –ㄴ걸요, –는걸요, –은걸요		고급	
243	19	5급	종결어미	–데	–데요		고급	
244	20	5급	종결어미	–더라고	–더라고요		고급	
245	21	5급	표현	–는다니1	–다니2, –라니5, –으라니2, –자니2	명령 내용 질문	중급	
246	22	5급	표현	–었던	–았던, –였던		중급	
247	23	5급	표현	에 관하여	에 관한		중급	
248	24	5급	표현	–자기에			중급	
249	25	5급	표현	–게 마련이다	–기 마련이다		고급	
250	26	5급	표현	–게 생겼다			고급	
251	27	5급	표현	–기 나름이다	–을 나름이다		고급	
252	28	5급	표현	–기가 바쁘게	〈유의〉 –기가 무섭게		고급	
253	29	5급	표현	–기가 쉽다	〈유의〉 –기 십상이다		고급	
254	30	5급	표현	–기만 하다			고급	
255	31	5급	표현	–기에 따라			고급	
256	32	5급	표현	–기에 앞서(서)			고급	
257	33	5급	표현	–은 나머지	–ㄴ 나머지		고급	
258	34	5급	표현	–는 데다가	–ㄴ데다가1, –은 데다가2, –ㄴ 데다가2, –은 데다가1		고급	
259	35	5급	표현	–는 동시에	–ㄴ 동시에		고급	
260	36	5급	표현	–는 듯하다	–ㄴ듯하다, –은 듯하다, –ㄹ 듯하다, –을 듯하다		고급	
261	37	5급	표현	–는 법이다	–ㄴ 법이다, –은 법이다		고급	
262	38	5급	표현	–는 이상	–ㄴ 이상, –은 이상		고급	
263	39	5급	표현	–은 채로	–ㄴ 채로		고급	
264	40	5급	표현	–는 척하다	–ㄴ 척하다, –은 척하다, 〈유의〉 –는 제하다, –은 제하다		고급	
265	41	5급	표현	–는 가운데	–은 가운데		고급	
266	42	5급	표현	는 말할 것도 없고	은 말할 것도 없고, 〈유의〉 는 고사하고, 은 고사하고		고급	
267	43	5급	표현	–을 만하다	–ㄹ 만하다		고급	

전체 번호	등급별 번호	등급	분류	대표형	관련형	의미	국제 통용 (2단계)	문법·표현 교육내용개발 (1~4단계)
268	44	5급	표현	—을 법하다	—ㄹ 법하다		고급	
269	45	5급	표현	—을 테다	—ㄹ 테다		고급	
270	46	5급	표현	—을 테면	—ㄹ 테면		고급	
271	47	5급	표현	—을 테지만	—ㄹ 테지만		고급	
272	48	5급	표현	—으려나 보다	—려나 보다		고급	
273	49	5급	표현	를 가지고	을 가지고		고급	
274	50	5급	표현	—으면 몰라도	—면 몰라도		고급	
275	51	5급	표현	에도 불구하고			고급	
276	52	5급	표현	—는데도	—ㄴ데도, —은데도		고급	
277	53	5급	표현	—어 내다	—아 내다, —여 내다		고급	
278	54	5급	표현	—는다기에	—ㄴ다기에, —다기에, —라기에1	이유	고급	
279	55	5급	표현	—는다는 것이	—ㄴ다는 것이		고급	
280	56	5급	표현	—는데도 불구하고	—ㄴ데도 불구하고, —은데도 불구하고		최상급	
281	1	6급	조사	마는	만2	상반	중급	
282	2	6급	조사	깨나			고급	
283	3	6급	조사	이라고2	라고2	보잘것없음	고급	
284	4	6급	조사	을랑			고급	
285	5	6급	조사	이라면	라면1	강조	고급	
286	6	6급	연결어미	—거들랑1	—걸랑1		중급	
287	7	6급	연결어미	—노라면			중급	
288	8	6급	연결어미	—건대			고급	
289	9	6급	연결어미	—건만	—건마는		고급	
290	10	6급	연결어미	—기로서니			고급	
291	11	6급	연결어미	—느니만큼	—니만큼, —으니만큼, 〈유의〉 —느니만치, 니만치, —으니만치		고급	
292	12	6급	연결어미	—되1	—으되, —로되		고급	
293	13	6급	연결어미	—디1		강조	고급	
294	14	6급	연결어미	—이라야	—라야, —이라야만, —라야만		고급	
295	15	6급	연결어미	—으련마는	—련마는, —으련만, —련만		고급	
296	16	6급	연결어미	—자니3	—자2, —자니까3	의도	중급	
297	17	6급	연결어미	—는다고1	—다고1, —라고3, 으라고1, —자고1	의도	고급	
298	18	6급	연결어미	—자면1		의도	고급	
299	19	6급	연결어미	—은들	—ㄴ들2, 인들	양보	최상급	
300	20	6급	연결어미	—을망정,	—ㄹ망정 〈유의〉 —ㄹ지언정, —을지언정		최상급	
301	21	6급	연결어미	—을라치면	—ㄹ라치면		최상급	
302	22	6급	종결어미	—는구려	—구려1	감탄	중급	
303	23	6급	종결어미	—는구먼	—구먼, —구먼요, —는구먼요		중급	
304	24	6급	종결어미	—그려			중급	
305	25	6급	종결어미	—으리라	—리라		중급	
306	26	6급	종결어미	—으오	—오		중급	
307	27	6급	종결어미	—으니4		비난	중급	
308	28	6급	종결어미	—거들랑2	—걸랑2	이유	고급	
309	29	6급	종결어미	—게3		명령	고급	
310	30	6급	종결어미	—게4		환기	고급	
311	31	6급	종결어미	—구려2		명령	고급	
312	32	6급	종결어미	—네1		서술	고급	
313	33	6급	종결어미	—는구만	—구만		고급	
314	34	6급	종결어미	—는가2	—ㄴ가2, —은가2	문제 제기	고급	
315	35	6급	종결어미	—나2		의문	고급	
316	36	6급	종결어미	—던2		의문	고급	
317	37	6급	종결어미	—던가1		의문(경험)	고급	
318	38	6급	종결어미	—던가2		의문(추측)	고급	
319	39	6급	종결어미	—라2		서술	고급	
320	40	6급	종결어미	—으리오	—리오		고급	
321	41	6급	종결어미	—소			고급	
322	42	6급	표현	—기 일쑤이다			고급	
323	43	6급	표현	—기 짝이 없다			고급	
324	44	6급	표현	는 마당에	—ㄴ 마당에, —은 마당에		고급	

전체 번호	등급별 번호	등급	분류	대표형	관련형	의미	국제 통용 (2단계)	문법·표현 교육내용개발 (1~4단계)
325	45	6급	표현	―는 한이 있어도	―는 한이 있더라도		고급	
326	46	6급	표현	―을 바에	―ㄹ 바에		고급	
327	47	6급	표현	―으려도	―려도		고급	
328	48	6급	표현	―으리라는	―리라는		고급	
329	49	6급	표현	를 막론하고	을 막론하고, (유의) 를 불문하고, 을 불문하고		고급	
330	50	6급	표현	―어 치우다	―아 치우다, ―여 치우다		고급	
331	51	6급	표현	―는다는	―ㄴ다는, ―는단, ―다는, ―단2, ―라는1, ―란2		고급	
332	52	6급	표현	이라고는	라고는, 이라곤, 라곤,		고급	
333	53	6급	표현	―는다던가1	―다던가1, ―라던가1	명령 확인 질문	고급	
334	54	6급	표현	―으래서야	―래서야2	의문 제기	고급	
335	55	6급	표현	―으리라고	―리라고		고급	
336	56	6급	표현	―자면2		권유	고급	

부록 2. 2017년 국제 통용 한국어 표준 교육과정 어휘 등급 목록(4단계)[※]

전체 번호	등급별 번호	등급	어휘	품사	길잡이 말	교육내용개발	등급
1836	1	3급	가꾸다	동사	정원을 가꾸다	중급	3급
1837	2	3급	가난	명사	가난을 겪다	중급	3급
1838	3	3급	가능	명사	주차 가능	중급	3급
1839	4	3급	가득하다	형용사	물이 가득하다	중급	3급
1840	5	3급	가득히	부사	가득히 넣다	중급	3급
1841	6	3급	가렵다	형용사	몸이 가렵다	중급	3급
1842	7	3급	가로01/가로02	명사/부사	가로와 세로	중급	3급
1843	8	3급	가루	명사	가루로 만들다	중급	3급
1844	9	3급	가리다02	동사	얼굴을 가리다	중급	3급
1845	10	3급	가스	명사	가스 요금	중급	3급
1846	11	3급	가스레인지	명사	가스레인지를 켜다	중급	3급
1847	12	3급	가습기	명사	가습기를 켜다	중급	3급
1848	13	3급	가입	명사	회원 가입	중급	3급
1849	14	3급	가입자	명사	신규 가입자	중급	3급
1850	15	3급	가전제품	명사	가전제품을 구매하다	중급	3급
1851	16	3급	가정01	명사	가정을 이루다	중급	3급
1852	17	3급	가죽	명사	가죽 잠바	중급	3급
1853	18	3급	각01	관형사	각 개인	중급	3급
1854	19	3급	각자01/각자02	명사/부사	각자가 맡다	중급	3급
1855	20	3급	간01	명사	간을 보다	중급	3급
1856	21	3급	간판	명사	간판을 걸다	중급	3급
1857	22	3급	간호	명사	간호를 받다	중급	3급
1858	23	3급	갈다01	동사	전구를 갈다	중급	3급
1859	24	3급	갈증	명사	갈증이 나다	중급	3급
1860	25	3급	-감	접사	책임감	중급	3급
1861	26	3급	감각	명사	감각이 없다	중급	3급
1862	27	3급	감다03	동사	붕대를 감다	중급	3급
1863	28	3급	감독	명사	감독을 강화하다	중급	3급
1864	29	3급	감동	명사	감동을 받다	중급	3급
1865	30	3급	감동적01·감동적02	관형사·명사	감동적 이야기	중급	3급
1866	31	3급	감상03	명사	음악 감상	중급	3급
1867	32	3급	감정01	명사	감정이 풍부하다	중급	3급
1868	33	3급	강물	명사	강물이 흐르다	중급	3급
1869	34	3급	강사02	명사	시간 강사	중급	3급
1870	35	3급	개나리	명사	개나리가 피다	중급	3급
1871	36	3급	개다01	동사	날씨가 개다	중급	3급
1872	37	3급	개인	명사	개인의 자유	중급	3급
1873	38	3급	개인적01·개인적02	관형사·명사	개인적 감정	중급	3급
1874	39	3급	걔	줄어든말	그 아이	중급	3급
1875	40	3급	거꾸로	부사	거꾸로 뒤집히다	중급	3급
1876	41	3급	거스름돈	명사	거스름돈을 받다	중급	3급
1877	42	3급	거품	명사	거품이 나다	중급	3급
1878	43	3급	건널목	명사	건널목을 건너다	중급	3급
1879	44	3급	건조02	명사	건조 기후	중급	3급
1880	45	3급	걸레	명사	걸레로 닦다	중급	3급
1881	46	3급	검다	형용사	색깔이 검다	중급	3급
1882	47	3급	검색	명사	인터넷 검색	중급	3급
1883	48	3급	검토	명사	서류 검토	중급	3급

※ 김중섭 외(2017) '2017년 국제 통용 한국어 표준 교육과정 적용 연구(4단계) 어휘, 문법 등급 목록' 중 지면 관계 상 이 책의 사례에 적용시킨 3급의 목록만을 첨부하였음을 밝힌다.

전체 번호	등급별 번호	등급	어휘	품사	길잡이 말	교육내용개발	등급
1884	49	3급	겁	명사	겁이 많다	중급	3급
1885	50	3급	겉옷	명사	겉옷을 벗다	중급	3급
1886	51	3급	게시	명사	안내문 게시	중급	3급
1887	52	3급	게시판	명사	게시판에 붙이다	중급	3급
1888	53	3급	겨우	부사	겨우 몇 개	중급	3급
1889	54	3급	결국02/결국01	부사/명사	결국 해내다	중급	3급
1890	55	3급	결제	명사	카드 결제	중급	3급
1891	56	3급	경기장	명사	실내 경기장	중급	3급
1892	57	3급	경복궁	명사	경복궁에 가다	중급	3급
1893	58	3급	경비01	명사	여행 경비	중급	3급
1894	59	3급	경비실	명사	아파트 경비실	중급	3급
1895	60	3급	경우	명사	그런 경우	중급	3급
1896	61	3급	경제	명사	경제 개발	중급	3급
1897	62	3급	경제적01·경제적02	관형사·명사	경제적 능력	중급	3급
1898	63	3급	경찰관	명사	교통 경찰관	중급	3급
1899	64	3급	곁01	명사	곁에 있다	중급	3급
1900	65	3급	계곡	명사	계곡에서 놀다	중급	3급
1901	66	3급	계약	명사	계약을 맺다	중급	3급
1902	67	3급	계약금	명사	계약금을 받다	중급	3급
1903	68	3급	계좌	명사	계좌 번호	중급	3급
1904	69	3급	고객	명사	고객을 맞다	중급	3급
1905	70	3급	고구마	명사	고구마를 먹다	중급	3급
1906	71	3급	고궁	명사	고궁을 산책하다	중급	3급
1907	72	3급	고백	명사	사랑 고백	중급	3급
1908	73	3급	고생	명사	고생이 심하다	중급	3급
1909	74	3급	고속	명사	고속 도로	중급	3급
1910	75	3급	고추	명사	고추를 따다	중급	3급
1911	76	3급	고춧가루	명사	고춧가루를 뿌리다	중급	3급
1912	77	3급	곤란	명사	곤란한 질문	중급	3급
1913	78	3급	곧이어	부사	곧이어 시작하다	중급	3급
1914	79	3급	곧장	부사	곧장 가다	중급	3급
1915	80	3급	골고루	부사	골고루 먹다	중급	3급
1916	81	3급	골목	명사	좁은 골목	중급	3급
1917	82	3급	골목길	명사	골목길을 걷다	중급	3급
1918	83	3급	골프	명사	골프 선수	중급	3급
1919	84	3급	곰	명사	동물	중급	3급
1920	85	3급	곱다01	형용사	고운 얼굴	중급	3급
1921	86	3급	곱하다	동사	수를 곱하다	중급	3급
1922	87	3급	곳곳	명사	전국 곳곳	중급	3급
1923	88	3급	공03	명사	숫자	중급	3급
1924	89	3급	공간	명사	공간을 차지하다	중급	3급
1925	90	3급	공공	명사	공공 기관	중급	3급
1926	91	3급	공공장소	명사	공공장소를 이용하다	중급	3급
1927	92	3급	공과금	명사	공과금을 내다	중급	3급
1928	93	3급	공기02	명사	공기가 맑다	중급	3급
1929	94	3급	공동	명사	공동 개최	중급	3급
1930	95	3급	공사01	명사	신축 공사	중급	3급
1931	96	3급	공식	명사	공식 발표	중급	3급
1932	97	3급	공연	명사	공연을 보다	중급	3급
1933	98	3급	공연장	명사	공연장에 몰려들다	중급	3급
1934	99	3급	공주	명사	공주와 왕자	중급	3급
1935	100	3급	공중전화	명사	공중전화 박스	중급	3급
1936	101	3급	공통	명사	공통 화제	중급	3급
1937	102	3급	공통점	명사	공통점을 찾다	중급	3급
1938	103	3급	공포02	명사	공포를 느끼다	중급	3급
1939	104	3급	과02	명사	과를 옮기다	중급	3급
1940	105	3급	과로	명사	과로로 쓰러지다	중급	3급
1941	106	3급	과목	명사	시험 과목	중급	3급

전체 번호	등급별 번호	등급	어휘	품사	길잡이 말	교육내용개발	등급
1942	107	3급	과식	명사	과식 습관	중급	3급
1943	108	3급	과장02	명사	과장이 심하다	중급	3급
1944	109	3급	과장03	명사	과장으로 승진하다	중급	3급
1945	110	3급	과정01	명사	과정을 겪다	중급	3급
1946	111	3급	과학	명사	과학 기술	중급	3급
1947	112	3급	과학자	명사	과학자가 되다	중급	3급
1948	113	3급	관객	명사	관객이 모여들다	중급	3급
1949	114	3급	관계없다	형용사	관계없는 일	중급	3급
1950	115	3급	관계없이	부사	시간에 관계없이	중급	3급
1951	116	3급	관계있다	형용사	주제와 관련있다	중급	3급
1952	117	3급	관람	명사	연극 관람	중급	3급
1953	118	3급	관람객	명사	영화 관람객	중급	3급
1954	119	3급	관련	명사	관련이 있다	중급	3급
1955	120	3급	관리02	명사	학생 관리	중급	3급
1956	121	3급	관찰	명사	식물 관찰	중급	3급
1957	122	3급	광경	명사	광경을 보다	중급	3급
1958	123	3급	광장히	부사	광장히 좋아하다	중급	3급
1959	124	3급	교시01	의존명사	1교시	중급	3급
1960	125	3급	교외01	명사	교외로 나가다	중급	3급
1961	126	3급	교통수단	명사	교통수단을 이용하다	중급	3급
1962	127	3급	교통편	명사	교통편을 예약하다	중급	3급
1963	128	3급	교포	명사	재일 교포	중급	3급
1964	129	3급	구05	명사	행정 구역	중급	3급
1965	130	3급	구경거리	명사	구경거리가 많다	중급	3급
1966	131	3급	구멍	명사	구멍을 뚫다	중급	3급
1967	132	3급	구수하다	형용사	맛이 구수하다	중급	3급
1968	133	3급	구역	명사	금연 구역	중급	3급
1969	134	3급	구입	명사	물품 구입	중급	3급
1970	135	3급	구조02	명사	구조를 바꾸다	중급	3급
1971	136	3급	구체적01·구체적02	관형사·명사	구체적 성과	중급	3급
1972	137	3급	구하다01	동사	일자리를 구하다	중급	3급
1973	138	3급	국가01	명사	민주 국가	중급	3급
1974	139	3급	국기	명사	국기를 달다	중급	3급
1975	140	3급	국내선	명사	국내선으로 갈아타다	중급	3급
1976	141	3급	국립	명사	국립 미술관	중급	3급
1977	142	3급	국물	명사	국물을 마시다	중급	3급
1978	143	3급	국민	명사	국민 소득	중급	3급
1979	144	3급	국어	명사	국어를 가르치다	중급	3급
1980	145	3급	군대	명사	군대에 가다	중급	3급
1981	146	3급	굶다	동사	밥을 굶다	중급	3급
1982	147	3급	굽	명사	구두 굽	중급	3급
1983	148	3급	권하다	동사	입원을 권하다	중급	3급
1984	149	3급	귀하01/귀하02	명사/대명사	김철수 귀하	중급	3급
1985	150	3급	규칙적01·규칙적02	관형사·명사	규칙적 생활	중급	3급
1986	151	3급	그녀	대명사		중급	3급
1987	152	3급	그래도	줄어든말	그리하여도	중급	3급
1988	153	3급	그램	의존명사	고기 백 그램	중급	3급
1989	154	3급	그러다	동사		중급	3급
1990	155	3급	그룹	명사	스터디 그룹	중급	3급
1991	156	3급	그만하다01	동사	일을 그만하다	중급	3급
1992	157	3급	그저	부사	그저 웃기만 하다	중급	3급
1993	158	3급	그제01/그제02	명사/부사	그저께	중급	3급
1994	159	3급	그중	명사	그중에서 제일	중급	3급
1995	160	3급	근데	부사		중급	3급
1996	161	3급	근무	명사	근무를 마치다	중급	3급
1997	162	3급	근육	명사	근육 운동	중급	3급
1998	163	3급	금02	명사	요일	중급	3급
1999	164	3급	금03	명사	금 목걸이	중급	3급

전체 번호	등급별 번호	등급	어휘	품사	길잡이 말	교육내용개발	등급
2000	165	3급	금액	명사	금액을 지불하다	중급	3급
2001	166	3급	금연	명사	금연 좌석	중급	3급
2002	167	3급	긋다01	동사	선을 긋다	중급	3급
2003	168	3급	긍정적01·긍정적02	관형사·명사	긍정적 태도	중급	3급
2004	169	3급	-기07	접사	세탁기	중급	3급
2005	170	3급	기계	명사	기계가 작동하다	중급	3급
2006	171	3급	기관	명사	공공 기관	중급	3급
2007	172	3급	기구01	명사	운동 기구	중급	3급
2008	173	3급	기념	명사	결혼 기념	중급	3급
2009	174	3급	기념품	명사	기념품을 사다	중급	3급
2010	175	3급	기능02	명사	기능이 다양하다	중급	3급
2011	176	3급	기다	동사	아기가 기다	중급	3급
2012	177	3급	기대	명사	기대를 받다	중급	3급
2013	178	3급	기대다01	동사	벽에 기대다	중급	3급
2014	179	3급	기도02	명사	기도를 드리다	중급	3급
2015	180	3급	기말시험	명사	기말시험을 보다	중급	3급
2016	181	3급	기사01	명사	버스 기사	중급	3급
2017	182	3급	기사02	명사	신문 기사	중급	3급
2018	183	3급	기술자	명사	기술자를 양성하다	중급	3급
2019	184	3급	기억력	명사	기억력이 좋다	중급	3급
2020	185	3급	기업	명사	기업을 운영하다	중급	3급
2021	186	3급	기준	명사	기준을 세우다	중급	3급
2022	187	3급	기초	명사	기초를 다지다	중급	3급
2023	188	3급	기타01	명사	기타 등등	중급	3급
2024	189	3급	긴급	명사	긴급 구조	중급	3급
2025	190	3급	긴팔	명사	긴팔을 입다	중급	3급
2026	191	3급	길다01	동사	머리가 길다	중급	3급
2027	192	3급	김01	명사	김이 나다	중급	3급
2028	193	3급	까다01	동사	껍데기를 까다	중급	3급
2029	194	3급	깔끔하다	형용사	방이 깔끔하다	중급	3급
2030	195	3급	깜빡	부사	깜빡 켜지다	중급	3급
2031	196	3급	깨지다	동사	유리가 깨지다	중급	3급
2032	197	3급	꺼지다01	동사	불이 꺼지다	중급	3급
2033	198	3급	껍질	명사	과일 껍질	중급	3급
2034	199	3급	꼬리	명사	꼬리를 흔들다	중급	3급
2035	200	3급	꼼짝	부사	꼼짝 못하다	중급	3급
2036	201	3급	꽂다	동사	열쇠를 꽂다	중급	3급
2037	202	3급	꽃무늬	명사	꽃무늬 커튼	중급	3급
2038	203	3급	꽉	부사	꽉 누르다	중급	3급
2039	204	3급	꽤	부사	꽤 멀다	중급	3급
2040	205	3급	꾸준히	부사	꾸준히 노력하다	중급	3급
2041	206	3급	끈	명사	끈을 넣다	중급	3급
2042	207	3급	끈	명사	끈을 묶다	중급	3급
2043	208	3급	끊다	동사	도로가 끊기다	중급	3급
2044	209	3급	끊어지다	동사	줄이 끊어지다	중급	3급
2045	210	3급	끌다	동사	신발을 끌다	중급	3급
2046	211	3급	끝내	부사	끝내 모르다	중급	3급
2047	212	3급	끼01	명사	끼를 거르다	중급	3급
2048	213	3급	끼다02	동사	구름이 끼다	중급	3급
2049	214	3급	나르다	동사	이삿짐을 나르다	중급	3급
2050	215	3급	나물01	명사	나물을 다듬다	중급	3급
2051	216	3급	나뭇잎	명사	나뭇잎을 따다	중급	3급
2052	217	3급	나빠지다	동사	건강이 나빠지다	중급	3급
2053	218	3급	나아지다	동사	건강이 나아지다	중급	3급
2054	219	3급	나이프	명사	나이프로 썰다	중급	3급
2055	220	3급	나타내다	동사	모습을 나타내다	중급	3급
2056	221	3급	낙엽	명사	낙엽을 태우다	중급	3급
2057	222	3급	난로	명사	난로를 피우다	중급	3급

전체 번호	등급별 번호	등급	어휘	품사	길잡이 말	교육내용개발	등급
2058	223	3급	난방	명사	난방과 냉방	중급	3급
2059	224	3급	날아가다	동사	새가 날아가다	중급	3급
2060	225	3급	낡다	형용사	옷이 낡다	중급	3급
2061	226	3급	남02	명사	남자	중급	3급
2062	227	3급	남03	명사	남쪽	중급	3급
2063	228	3급	남미	명사	남미 대륙	중급	3급
2064	229	3급	남부	명사	남부 지방	중급	3급
2065	230	3급	낯설다	형용사	얼굴이 낯설다	중급	3급
2066	231	3급	낳다01	동사	아기를 낳다	중급	3급
2067	232	3급	내05	의존명사	기간 내	중급	3급
2068	233	3급	내내	부사	일 년 내내	중급	3급
2069	234	3급	내달	명사	내달 초	중급	3급
2070	235	3급	내려놓다	동사	책을 내려놓다	중급	3급
2071	236	3급	내보내다	동사	밖으로 내보내다	중급	3급
2072	237	3급	내성적01·내성적02	관형사·명사	내성적 성격	중급	3급
2073	238	3급	내주다	동사	거스름돈을 내주다	중급	3급
2074	239	3급	내후년	명사	내후년이 지나다	중급	3급
2075	240	3급	낼모레02/냴모레01	부사/명사	내일 모레	중급	3급
2076	241	3급	냉동	명사	냉동 창고	중급	3급
2077	242	3급	냉방	명사	냉방과 난방	중급	3급
2078	243	3급	냉정하다01	형용사	성격이 냉정하다	중급	3급
2079	244	3급	널다	동사	빨래를 널다	중급	3급
2080	245	3급	널리	부사	널리 알려지다	중급	3급
2081	246	3급	넓이	명사	넓이를 재다	중급	3급
2082	247	3급	넘어가다	동사	나무가 넘어가다	중급	3급
2083	248	3급	넘어서다	동사	산을 넘어서다	중급	3급
2084	249	3급	년대	의존명사	이천 년대	중급	3급
2085	250	3급	노랑	명사	색	중급	3급
2086	251	3급	노선	명사	지하철 노선	중급	3급
2087	252	3급	노선도	명사	버스 노선도	중급	3급
2088	253	3급	노약자	명사	노약자를 보호하다	중급	3급
2089	254	3급	노트북	명사	노트북 컴퓨터	중급	3급
2090	255	3급	녹다	동사	얼음이 녹다	중급	3급
2091	256	3급	녹음02	명사	녹음을 듣다	중급	3급
2092	257	3급	녹음기	명사	녹음기로 녹음하다	중급	3급
2093	258	3급	놀이공원	명사	놀이공원에 가다	중급	3급
2094	259	3급	놀이터	명사	놀이터에서 놀다	중급	3급
2095	260	3급	농부	명사	농부가 씨를 뿌리다	중급	3급
2096	261	3급	농사01	명사	농사를 짓다	중급	3급
2097	262	3급	높아지다	동사	파도가 높아지다	중급	3급
2098	263	3급	높이다	동사	건물을 높이다	중급	3급
2099	264	3급	높임말	명사	높임말을 쓰다	중급	3급
2100	265	3급	놓이다	동사	마음이 놓이다	중급	3급
2101	266	3급	놓치다	동사	손을 놓치다	중급	3급
2102	267	3급	눈가	명사	눈가에 바르다	중급	3급
2103	268	3급	눈병	명사	눈병에 걸리다	중급	3급
2104	269	3급	눈부시다	형용사	조명이 눈부시다	중급	3급
2105	270	3급	눈사람	명사	눈사람을 만들다	중급	3급
2106	271	3급	눈싸움02	명사	눈싸움 놀이	중급	3급
2107	272	3급	늘리다	동사	규모를 늘리다	중급	3급
2108	273	3급	늘어나다	동사	사람이 늘어나다	중급	3급
2109	274	3급	늦잠	명사	늦잠을 자다	중급	3급
2110	275	3급	-님	접사	선생님	중급	3급
2111	276	3급	다리미	명사	다리미로 옷을 다리다	중급	3급
2112	277	3급	다림질	명사	바지를 다림질하다	중급	3급
2113	278	3급	다방	명사	다방 커피	중급	3급
2114	279	3급	다운로드	명사	다운로드를 받다	중급	3급
2115	280	3급	다정	명사	다정한 연인	중급	3급

전체 번호	등급별 번호	등급	어휘	품사	길잡이 말	교육내용개발	등급
2116	281	3급	다지다02	동사	마늘을 다지다	중급	3급
2117	282	3급	다행	명사	다행으로 생각하다	중급	3급
2118	283	3급	다행히	부사	다행히 찾다	중급	3급
2119	284	3급	단단하다	형용사	뼈가 단단하다	중급	3급
2120	285	3급	단맛	명사	단맛을 느끼다	중급	3급
2121	286	3급	단발머리	명사	단발머리로 자르다	중급	3급
2122	287	3급	단위	명사	화폐 단위	중급	3급
2123	288	3급	단점	명사	단점을 극복하다	중급	3급
2124	289	3급	단정하다01	형용사	옷차림이 단정하다	중급	3급
2125	290	3급	단지03	명사	단지를 조성하다	중급	3급
2126	291	3급	단체	명사	단체에 가입하다	중급	3급
2127	292	3급	닫히다	동사	창문이 닫히다	중급	3급
2128	293	3급	달다02	동사	단추를 달다	중급	3급
2129	294	3급	달다04	동사	달라고 하다	중급	3급
2130	295	3급	달라지다	동사	장소가 달라지다	중급	3급
2131	296	3급	달러02/달러01	의존명사/명사	일 달러	중급	3급
2132	297	3급	달콤하다	형용사	케이크가 달콤하다	중급	3급
2133	298	3급	담그다	동사	발을 담그다	중급	3급
2134	299	3급	담기다01	동사	그릇에 담기다	중급	3급
2135	300	3급	담다	동사	쌀을 담다	중급	3급
2136	301	3급	닷새	명사	닷새가 걸리다	중급	3급
2137	302	3급	당근	명사	당근 주스	중급	3급
2138	303	3급	당신	대명사		중급	3급
2139	304	3급	당연하다	형용사	당연한 결과	중급	3급
2140	305	3급	당연히	부사	당연히 다르다	중급	3급
2141	306	3급	당장	명사	지금 당장	중급	3급
2142	307	3급	당황	명사	당황을 감추지 못하다	중급	3급
2143	308	3급	닿다	동사	손에 닿다	중급	3급
2144	309	3급	대01/대02	명사/의존명사	대가 굵다	중급	3급
2145	310	3급	대다01	동사	열차 시간에 대다	중급	3급
2146	311	3급	대단하다	형용사	추위가 대단하다	중급	3급
2147	312	3급	대도시	명사	대도시에 살다	중급	3급
2148	313	3급	대문	명사	대문을 열다	중급	3급
2149	314	3급	대변	명사	대변이 마렵다	중급	3급
2150	315	3급	대상02	명사	연구 대상	중급	3급
2151	316	3급	대신	명사	나 대신 너	중급	3급
2152	317	3급	대여섯02·대여섯01	수사·관형사	숫자	중급	3급
2153	318	3급	대중02	명사	대중과 소통하다	중급	3급
2154	319	3급	대중가요	명사	대중가요를 부르다	중급	3급
2155	320	3급	대중교통	명사	대중교통을 타다	중급	3급
2156	321	3급	대청소	명사	집안 대청소	중급	3급
2157	322	3급	대체로	부사	대략	중급	3급
2158	323	3급	대통령	명사	대통령을 선출하다	중급	3급
2159	324	3급	대표	명사	대표 작품	중급	3급
2160	325	3급	대표적01·대표적02	관형사·명사	대표적 작품	중급	3급
2161	326	3급	대하다	동사	얼굴을 대하다	중급	3급
2162	327	3급	대한민국	명사	나라	중급	3급
2163	328	3급	대형01	명사	대형 냉장고	중급	3급
2164	329	3급	더러워지다	동사	옷이 더러워지다	중급	3급
2165	330	3급	더하다02	동사	숫자를 더하다	중급	3급
2166	331	3급	덜	부사	덜 익다	중급	3급
2167	332	3급	덜다	동사	밥을 덜다	중급	3급
2168	333	3급	덮다	동사	이불을 덮다	중급	3급
2169	334	3급	데	의존명사	장소가 달라지다	중급	3급
2170	335	3급	데다	동사	불에 데다	중급	3급
2171	336	3급	데리다	동사	데리고 가다	중급	3급
2172	337	3급	데치다	동사	채소를 데치다	중급	3급
2173	338	3급	도05	명사	행정 구역	중급	3급

전체 번호	등급별 번호	등급	어휘	품사	길잡이 말	교육내용개발	등급
2174	339	3급	도구	명사	청소 도구		3급
2175	340	3급	도둑	명사	도둑을 잡다	중급	3급
2176	341	3급	도망가다	동사	도둑이 도망가다	중급	3급
2177	342	3급	도서02	명사	도서 대출	중급	3급
2178	343	3급	도시락	명사	도시락을 싸다	중급	3급
2179	344	3급	도심	명사	도심에 위치하다	중급	3급
2180	345	3급	도자기	명사	도자기를 빚다	중급	3급
2181	346	3급	도장03	명사	도장을 찍다	중급	3급
2182	347	3급	도중	명사	도중에 끼어들다	중급	3급
2183	348	3급	독감	명사	독감에 걸리다	중급	3급
2184	349	3급	독일어	명사	독일어를 가르치다	중급	3급
2185	350	3급	돌01/돌02	명사/의존명사	돌잔치	중급	3급
2186	351	3급	돌려받다00	동사	책을 돌려받다	중급	3급
2187	352	3급	돌보다	동사	아이를 돌보다	중급	3급
2188	353	3급	돌아다니다	동사	거리를 돌아다니다	중급	3급
2189	354	3급	동02	명사	동쪽	중급	3급
2190	355	3급	동03	명사	행정 구역	중급	3급
2191	356	3급	동그라미	명사	동그라미를 그리다	중급	3급
2192	357	3급	동그랗다	형용사	얼굴이 동그랗다	중급	3급
2193	358	3급	동료	명사	직장 동료	중급	3급
2194	359	3급	동부	명사	동부 유럽	중급	3급
2195	360	3급	동아리	명사	동아리에 가입하다	중급	3급
2196	361	3급	동양	명사	동양 사상	중급	3급
2197	362	3급	동작	명사	동작이 느리다	중급	3급
2198	363	3급	동창	명사	동창 모임	중급	3급
2199	364	3급	동창회	명사	동창회를 열다	중급	3급
2200	365	3급	동호회	명사	동호회에 가입하다	중급	3급
2201	366	3급	되돌아오다	동사	편지가 되돌아오다	중급	3급
2202	367	3급	되찾다	동사	안정을 되찾다	중급	3급
2203	368	3급	두께	명사	두께가 얇다	중급	3급
2204	369	3급	두통약	명사	두통약을 복용하다	중급	3급
2205	370	3급	둥글다01	형용사	지구가 둥글다	중급	3급
2206	371	3급	드라이	명사	드라이가 잘 되다	중급	3급
2207	372	3급	드라이브	명사	드라이브를 나가다	중급	3급
2208	373	3급	드라이어	명사	드라이어로 말리다	중급	3급
2209	374	3급	드레스	명사	드레스를 입다	중급	3급
2210	375	3급	듣기	명사	듣기 평가	중급	3급
2211	376	3급	들려주다	동사	노래를 들려주다	중급	3급
2212	377	3급	들어서다	동사	집에 들어서다	중급	3급
2213	378	3급	들어주다	동사	부탁을 들어주다	중급	3급
2214	379	3급	등02/등00	의존명사/명사	일 등	중급	3급
2215	380	3급	등03	의존명사	딸기, 사과 등의 과일	중급	3급
2216	381	3급	등록	명사	등록 기간	중급	3급
2217	382	3급	등록금	명사	등록금을 내다	중급	3급
2218	383	3급	등록증	명사	등록증을 발급받다	중급	3급
2219	384	3급	등산복	명사	등산복을 입다	중급	3급
2220	385	3급	디지털	명사	디지털 방송	중급	3급
2221	386	3급	따다	동사	사과를 따다	중급	3급
2222	387	3급	따라가다	동사	앞사람을 따라가다	중급	3급
2223	388	3급	따라서	부사		중급	3급
2224	389	3급	따라오다	동사	뒤를 따라오다	중급	3급
2225	390	3급	따로따로	부사	따로따로 움직이다	중급	3급
2226	391	3급	따르다01	동사	뒤를 따르다	중급	3급
2227	392	3급	따르릉	부사	따르릉 울리다	중급	3급
2228	393	3급	딱03	부사	딱 알맞다	중급	3급
2229	394	3급	딱딱하다	형용사	딱딱한 껍질	중급	3급
2230	395	3급	땅속	명사	땅속에 묻다	중급	3급
2231	396	3급	때때로	부사	때때로 변하다	중급	3급

전체 번호	등급별 번호	등급	어휘	품사	길잡이 말	교육내용개발	등급
2232	397	3급	떠나가다	동사	고향을 떠나가다	중급	3급
2233	398	3급	떠오르다	동사	하늘에 떠오르다	중급	3급
2234	399	3급	떠올리다	동사	추억을 떠올리다	중급	3급
2235	400	3급	떨다01	동사	무서움에 떨다	중급	3급
2236	401	3급	떨리다01	동사	온몸이 떨리다	중급	3급
2237	402	3급	떨어뜨리다	동사	바닥에 떨어뜨리다	중급	3급
2238	403	3급	또한	부사	나 또한	중급	3급
2239	404	3급	똑똑히	부사	똑똑히 기억하다	중급	3급
2240	405	3급	뚫다	동사	구멍을 뚫다	중급	3급
2241	406	3급	뛰다01	동사	빨리 뛰다	중급	3급
2242	407	3급	뛰어나다	형용사	솜씨가 뛰어나다	중급	3급
2243	408	3급	뛰어내리다	동사	아래로 뛰어내리다	중급	3급
2244	409	3급	뛰어넘다	동사	담을 뛰어넘다	중급	3급
2245	410	3급	뜨다01	동사	달이 뜨다	중급	3급
2246	411	3급	띠02	명사	돼지띠	중급	3급
2247	412	3급	레몬	명사	레몬 차	중급	3급
2248	413	3급	렌터카	명사	렌터카를 빌리다	중급	3급
2249	414	3급	로그인	명사	자동 로그인	중급	3급
2250	415	3급	로봇	명사	로봇 장난감	중급	3급
2251	416	3급	−률02	접사	출생률	중급	3급
2252	417	3급	리듬	명사	리듬에 맞추다	중급	3급
2253	418	3급	리본	명사	리본으로 묶다	중급	3급
2254	419	3급	마늘00	명사	마늘을 까다	중급	3급
2255	420	3급	마라톤	명사	마라톤을 완주하다	중급	3급
2256	421	3급	마사지	명사	마사지를 받다	중급	3급
2257	422	3급	마우스	명사	마우스 클릭	중급	3급
2258	423	3급	마음대로	부사	마음대로 되다	중급	3급
2259	424	3급	마음씨	명사	마음씨가 곱다	중급	3급
2260	425	3급	마이크	명사	마이크를 잡다	중급	3급
2261	426	3급	마침	부사	막 잠들다	중급	3급
2262	427	3급	막01	부사	막 잠들다	중급	3급
2263	428	3급	막02	부사	막 쓰다	중급	3급
2264	429	3급	막내	명사	막내 동생	중급	3급
2265	430	3급	막다	동사	귀를 막다	중급	3급
2266	431	3급	막대기	명사	나무 막대기	중급	3급
2267	432	3급	막차	명사	막차를 놓치다	중급	3급
2268	433	3급	만05/만00	관형사/명사	만 3주	중급	3급
2269	434	3급	만남	명사	만남과 헤어짐	중급	3급
2270	435	3급	만족	명사	만족을 느끼다	중급	3급
2271	436	3급	만족스럽다	형용사	만족스러운 결과	중급	3급
2272	437	3급	많아지다	동사	인구가 많아지다	중급	3급
2273	438	3급	말다01	동사	김밥을 말다	중급	3급
2274	439	3급	말리다03	동사	빨래를 말리다	중급	3급
2275	440	3급	말하기	명사	말하기 평가	중급	3급
2276	441	3급	맞다02	동사	손님을 맞다	중급	3급
2277	442	3급	맞다03	동사	매를 맞다	중급	3급
2278	443	3급	맞은편	명사	맞은편에 앉다	중급	3급
2279	444	3급	맞이하다	동사	새해를 맞이하다	중급	3급
2280	445	3급	맡기다	동사	수리를 맡기다	중급	3급
2281	446	3급	맡다01	동사	임무를 맡다	중급	3급
2282	447	3급	맡다02	동사	냄새를 맡다	중급	3급
2283	448	3급	매01	명사	매를 맞다	중급	3급
2284	449	3급	매달다	동사	문에 매달다	중급	3급
2285	450	3급	매운맛	명사	매운맛이 나다	중급	3급
2286	451	3급	매운탕	명사	매운탕을 끓이다	중급	3급
2287	452	3급	매장03	명사	의류 매장	중급	3급
2288	453	3급	매점	명사	학교 매점	중급	3급
2289	454	3급	매진01	명사	영화표의 매진	중급	3급

전체 번호	등급별 번호	등급	어휘	품사	길잡이 말	교육내용개발	등급
2290	455	3급	맨발	명사	맨발로 걷다	중급	3급
2291	456	3급	먼지	명사	먼지를 닦다	중급	3급
2292	457	3급	멀미	명사	멀미가 나다	중급	3급
2293	458	3급	멋지다	형용사	경치가 멋지다	중급	3급
2294	459	3급	멍	명사	멍이 들다	중급	3급
2295	460	3급	메뉴판	명사	메뉴판을 찾다	중급	3급
2296	461	3급	메모지	명사	메모지에 쓰다	중급	3급
2297	462	3급	멜로디	명사	감미로운 멜로디	중급	3급
2298	463	3급	면02	명사	벽의 면	중급	3급
2299	464	3급	면적	명사	면적이 넓다	중급	3급
2300	465	3급	면접	명사	면접 장소	중급	3급
2301	466	3급	면허증	명사	면허증을 따다	중급	3급
2302	467	3급	멸치	명사	멸치를 볶다	중급	3급
2303	468	3급	명단	명사	합격자 명단	중급	3급
2304	469	3급	명함	명사	명함을 교환하다	중급	3급
2305	470	3급	몇몇02/몇몇01	관형사/수사	몇몇 사람	중급	3급
2306	471	3급	모니터	명사	컴퓨터의 모니터	중급	3급
2307	472	3급	모델	명사	최신 모델	중급	3급
2308	473	3급	모래	명사	모래 장난	중급	3급
2309	474	3급	모범	명사	모범이 되다	중급	3급
2310	475	3급	모자01	명사	모자가 닮다	중급	3급
2311	476	3급	모집	명사	학생 모집	중급	3급
2312	477	3급	목02	명사	요일	중급	3급
2313	478	3급	목록	명사	단어 목록	중급	3급
2314	479	3급	목적지	명사	목적지에 도착하다	중급	3급
2315	480	3급	목표	명사	목표를 세우다	중급	3급
2316	481	3급	몰래	부사	몰래 도망가다	중급	3급
2317	482	3급	몸무게	명사	몸무게를 재다	중급	3급
2318	483	3급	몸살	명사	몸살이 나다	중급	3급
2319	484	3급	몸짓	명사	우아한 몸짓	중급	3급
2320	485	3급	묘사	명사	상황 묘사	중급	3급
2321	486	3급	무늬	명사	나무의 무늬	중급	3급
2322	487	3급	무대	명사	콘서트 무대	중급	3급
2323	488	3급	무더위	명사	무더위가 꺾이다	중급	3급
2324	489	3급	무덤	명사	무덤을 파다	중급	3급
2325	490	3급	무서워하다	동사	물을 무서워하다	중급	3급
2326	491	3급	무역	명사	무역 회사	중급	3급
2327	492	3급	무용03	명사	고전 무용	중급	3급
2328	493	3급	무조건02/무조건01	부사/명사	무조건 화를 내다	중급	3급
2329	494	3급	묵다02	동사	호텔에서 묵다	중급	3급
2330	495	3급	묶다	동사	머리를 묶다	중급	3급
2331	496	3급	문구점	명사	가게	중급	3급
2332	497	3급	문방구	명사	학교 앞 문방구	중급	3급
2333	498	3급	문법	명사	한국어 문법	중급	3급
2334	499	3급	문병	명사	문병을 가다	중급	3급
2335	500	3급	문의	명사	문의 전화	중급	3급
2336	501	3급	문자	명사	문자 메시지	중급	3급
2337	502	3급	문장01	명사	영어 문장	중급	3급
2338	503	3급	문학	명사	문학 작품	중급	3급
2339	504	3급	문화재	명사	문화재를 보호하다	중급	3급
2340	505	3급	묻다01	동사	물이 묻다	중급	3급
2341	506	3급	―물	접사	농산물	중급	3급
2342	507	3급	물가01	명사	물가에서 놀다	중급	3급
2343	508	3급	물가02	명사	물가가 비싸다	중급	3급
2344	509	3급	물다01	동사	개가 물다	중급	3급
2345	510	3급	물러나다	동사	뒤로 물러나다	중급	3급
2346	511	3급	물러서다	동사	뒤로 물러서다	중급	3급
2347	512	3급	물리다02	동사	개에 물리다	중급	3급

전체 번호	등급별 번호	등급	어휘	품사	길잡이 말	교육내용개발	등급
2348	513	3급	물소리	명사	물소리가 나다	중급	3급
2349	514	3급	물약	명사	물약을 마시다	중급	3급
2350	515	3급	물음	명사	물음에 답하다	중급	3급
2351	516	3급	뮤지컬	명사	뮤지컬 공연	중급	3급
2352	517	3급	미국인00	명사	미국인을 만나다	중급	3급
2353	518	3급	미끄럽다	형용사	길이 미끄럽다	중급	3급
2354	519	3급	미루다	동사	숙제를 미루다	중급	3급
2355	520	3급	미만	명사	19세 미만	중급	3급
2356	521	3급	미성년자	명사	미성년자 관람불가	중급	3급
2357	522	3급	미소	명사	미소를 짓다	중급	3급
2358	523	3급	미술	명사	미술 작품	중급	3급
2359	524	3급	미용사	명사	미용사 자격증	중급	3급
2360	525	3급	미인	명사	미인 대회	중급	3급
2361	526	3급	미장원	명사	미장원에서 파마하다	중급	3급
2362	527	3급	미팅	명사	미팅 상대	중급	3급
2363	528	3급	민속놀이	명사	전통 민속놀이	중급	3급
2364	529	3급	밀리다01	동사	차가 밀리다	중급	3급
2365	530	3급	밉다	형용사	하는 짓이 밉다	중급	3급
2366	531	3급	및	부사	설계 및 시공	중급	3급
2367	532	3급	밑줄	명사	밑줄을 긋다	중급	3급
2368	533	3급	바01	의존명사	느낀 바	중급	3급
2369	534	3급	바구니	명사	과일 바구니	중급	3급
2370	535	3급	바늘	명사	실과 바늘	중급	3급
2371	536	3급	바닷물	명사	바닷물이 출렁이다	중급	3급
2372	537	3급	바둑	명사	바둑을 두다	중급	3급
2373	538	3급	바보	명사	바보가 되다	중급	3급
2374	539	3급	바위	명사	넓적한 바위	중급	3급
2375	540	3급	바퀴01/바퀴02	명사/의존명사	자동차 바퀴	중급	3급
2376	541	3급	바탕	명사	바탕을 이루다	중급	3급
2377	542	3급	박02	의존명사	1박 2일	중급	3급
2378	543	3급	박사	명사	박사 학위	중급	3급
2379	544	3급	반납	명사	책 반납	중급	3급
2380	545	3급	반달01	명사	반달이 뜨다	중급	3급
2381	546	3급	반대말	명사	반대말을 찾다	중급	3급
2382	547	3급	반대쪽	명사	반대쪽으로 가다	중급	3급
2383	548	3급	반말	명사	반말과 높임말	중급	3급
2384	549	3급	반면01	명사	반면에	중급	3급
2385	550	3급	반복	명사	반복 연습	중급	3급
2386	551	3급	반죽	명시	밀가루 반죽	중급	3급
2387	552	3급	반창고	명사	반창고를 붙이다	중급	3급
2388	553	3급	반팔	명사	반팔을 입다	중급	3급
2389	554	3급	반하다01	동사	첫눈에 반하다	중급	3급
2390	555	3급	발급	명사	카드 발급	중급	3급
2391	556	3급	발달	명사	뇌의 발달	중급	3급
2392	557	3급	발명	명사	발명 아이디어	중급	3급
2393	558	3급	발목	명사	발목 부상	중급	3급
2394	559	3급	발음	명사	발음 연습	중급	3급
2395	560	3급	발전01	명사	경제 발전	중급	3급
2396	561	3급	발표	명사	결과 발표	중급	3급
2397	562	3급	발행	명사	신문 발행	중급	3급
2398	563	3급	밝히다	동사	전등을 밝히다	중급	3급
2399	564	3급	밟다	동사	브레이크를 밟다	중급	3급
2400	565	3급	밤02	명사	밤을 따다	중급	3급
2401	566	3급	밤늦다	형용사	밤늦은 시각	중급	3급
2402	567	3급	밤새	명사	밤새 일하다	중급	3급
2403	568	3급	밤색	명사	색	중급	3급
2404	569	3급	밥그릇	명사	밥그릇에 담다	중급	3급
2405	570	3급	밥솥	명사	압력 밥솥	중급	3급

전체 번호	등급별 번호	등급	어휘	품사	길잡이 말	교육내용개발	등급
2406	571	3급	방송사	명사	방송사에 다니다	중급	3급
2407	572	3급	방식	명사	생활 방식	중급	3급
2408	573	3급	방울01	명사	방울이 맺히다	중급	3급
2409	574	3급	방해	명사	방해를 받다	중급	3급
2410	575	3급	배고프다	형용사	배고프고 목마르다	중급	3급
2411	576	3급	배구	명사	배구 선수	중급	3급
2412	577	3급	배낭	명사	배낭을 메다	중급	3급
2413	578	3급	배낭여행	명사	배낭여행을 떠나다	중급	3급
2414	579	3급	배웅	명사	손님을 배웅하다	중급	3급
2415	580	3급	배치	명사	자리 배치	중급	3급
2416	581	3급	배터리	명사	배터리를 갈다	중급	3급
2417	582	3급	배편	명사	배편으로 보내다	중급	3급
2418	583	3급	백00	명사	가방	중급	3급
2419	584	3급	뱃속	명사	마음	중급	3급
2420	585	3급	버섯02	명사	버섯 요리	중급	3급
2421	586	3급	버터	명사	버터를 바르다	중급	3급
2422	587	3급	버튼	명사	버튼을 누르다	중급	3급
2423	588	3급	번개	명사	천둥과 번개	중급	3급
2424	589	3급	번역	명사	한국어 번역	중급	3급
2425	590	3급	번지	명사	주소	중급	3급
2426	591	3급	번호표	명사	대기 번호표	중급	3급
2427	592	3급	벌04	명사	벌을 받다	중급	3급
2428	593	3급	벌금	명사	벌금을 부과하다	중급	3급
2429	594	3급	범죄	명사	범죄를 저지르다	중급	3급
2430	595	3급	법01	명사	법을 지키다	중급	3급
2431	596	3급	법칙	명사	법칙에 따르다	중급	3급
2432	597	3급	벗기다	동사	옷을 벗기다	중급	3급
2433	598	3급	베란다	명사	아파트 베란다	중급	3급
2434	599	3급	벤치	명사	벤치에 앉다	중급	3급
2435	600	3급	벨	명사	전화기 벨	중급	3급
2436	601	3급	벨트	명사	벨트를 매다	중급	3급
2437	602	3급	벽시계	명사	벽시계를 걸다	중급	3급
2438	603	3급	벽지02	명사	벽지로 도배하다	중급	3급
2439	604	3급	변경02	명사	계획 변경	중급	3급
2440	605	3급	변비	명사	변비에 걸리다	중급	3급
2441	606	3급	변화	명사	온도 변화	중급	3급
2442	607	3급	—별	접사	학년별	중급	3급
2443	608	3급	별02	관형사	별 볼 일	중급	3급
2444	609	3급	별말씀	명사	별말씀을 없으시다	중급	3급
2445	610	3급	별명	명사	별명을 짓다	중급	3급
2446	611	3급	별일	명사	별일 없다	중급	3급
2447	612	3급	병실	명사	병실을 옮기다	중급	3급
2448	613	3급	보고02	명사	업무 보고	중급	3급
2449	614	3급	보고서	명사	보고서를 작성하다	중급	3급
2450	615	3급	보관	명사	냉장 보관	중급	3급
2451	616	3급	보기01	명사	보기를 들다	중급	3급
2452	617	3급	보너스	명사	보너스를 받다	중급	3급
2453	618	3급	보람	명사	보람을 느끼다	중급	3급
2454	619	3급	보름	명사	정월 보름	중급	3급
2455	620	3급	보름달	명사	보름달이 뜨다	중급	3급
2456	621	3급	보리	명사	보리를 재배하다	중급	3급
2457	622	3급	보석02	명사	보석이 반짝이다	중급	3급
2458	623	3급	보행자	명사	보행자를 배려하다	중급	3급
2459	624	3급	보험	명사	보험에 가입하다	중급	3급
2460	625	3급	보호	명사	자연 보호	중급	3급
2461	626	3급	복	명사	복을 받다	중급	3급
2462	627	3급	복도	명사	건물 복도	중급	3급
2463	628	3급	복사	명사	문서 복사	중급	3급

전체 번호	등급별 번호	등급	어휘	품사	길잡이 말	교육내용개발	등급
2464	629	3급	복사기	명사	컬러복사기	중급	3급
2465	630	3급	복숭아	명사	과일	중급	3급
2466	631	3급	복용	명사	약물 복용	중급	3급
2467	632	3급	복통	명사	복통이 심하다	중급	3급
2468	633	3급	본인01/본인02	명사/대명사	본인 명의	중급	3급
2469	634	3급	볼거리	명사	볼거리가 많다	중급	3급
2470	635	3급	볼링	명사	볼링을 치다	중급	3급
2471	636	3급	볼일	명사	볼일이 생기다	중급	3급
2472	637	3급	봉사02	명사	봉사 활동	중급	3급
2473	638	3급	봉지	명사	봉지에 넣다	중급	3급
2474	639	3급	뵈다02	동사	어른을 뵈다	중급	3급
2475	640	3급	부01/부02	명사/의존명사	우리 부	중급	3급
2476	641	3급	부담	명사	업무 부담	중급	3급
2477	642	3급	부동산	명사	부동산 거래	중급	3급
2478	643	3급	부러워하다	동사	성공을 부러워하다	중급	3급
2479	644	3급	부러지다	동사	뼈가 부러지다	중급	3급
2480	645	3급	부리다02	동사	멋을 부리다	중급	3급
2481	646	3급	부모	명사	부모를 공경하다	중급	3급
2482	647	3급	부인03	명사	중년 부인	중급	3급
2483	648	3급	부자01	명사	부자가 닮다	중급	3급
2484	649	3급	부잣집	명사	으리으리한 부잣집	중급	3급
2485	650	3급	부채01	명사	부채 바람	중급	3급
2486	651	3급	부츠	명사	부츠를 신다	중급	3급
2487	652	3급	부친	명사	모친과 부친	중급	3급
2488	653	3급	북02	명사	북으로 향하다	중급	3급
2489	654	3급	북부	명사	북부 지방	중급	3급
2490	655	3급	분단03	명사	국토 분단	중급	3급
2491	656	3급	분리	명사	공간 분리	중급	3급
2492	657	3급	분명히	부사	분명히 기억하다	중급	3급
2493	658	3급	분실	명사	분실 사고	중급	3급
2494	659	3급	분실물	명사	분실물 센터	중급	3급
2495	660	3급	분필	명사	분필로 쓰다	중급	3급
2496	661	3급	불-02	접사	불가능	중급	3급
2497	662	3급	불규칙	명사	불규칙한 생활	중급	3급
2498	663	3급	불균형	명사	영양 불균형	중급	3급
2499	664	3급	불만	명사	불만을 말하다	중급	3급
2500	665	3급	불만족	명사	불만족한 표정	중급	3급
2501	666	3급	불만족스럽다	형용사	서비스가 불만족스럽다	중급	3급
2502	667	3급	불어	명사	불어로 말하다	중급	3급
2503	668	3급	불완전	명사	불완전한 상태	중급	3급
2504	669	3급	불평01	명사	불평을 늘어놓다	중급	3급
2505	670	3급	붐비다	동사	사람들로 붐비다	중급	3급
2506	671	3급	붓다01	동사	얼굴이 붓다	중급	3급
2507	672	3급	붓다02	동사	물을 붓다	중급	3급
2508	673	3급	뷔페	명사	뷔페에서 식사하다	중급	3급
2509	674	3급	-비	접사	휴가비	중급	3급
2510	675	3급	비밀번호	명사	비밀번호를 누르다	중급	3급
2511	676	3급	비비다	동사	눈을 비비다	중급	3급
2512	677	3급	비상구	명사	비상구로 대피하다	중급	3급
2513	678	3급	비용	명사	비용을 지불하다	중급	3급
2514	679	3급	비자	명사	비자를 연장하다	중급	3급
2515	680	3급	비키다	동사	옆으로 비키다	중급	3급
2516	681	3급	비타민	명사	비타민을 섭취하다	중급	3급
2517	682	3급	비하다	동사	비할 수 없다	중급	3급
2518	683	3급	비행03	명사	비행 스케줄	중급	3급
2519	684	3급	비행장	명사	비행장에 도착하다	중급	3급
2520	685	3급	빈자리	명사	빈자리에 앉다	중급	3급
2521	686	3급	빌다01	동사	소원을 빌다	중급	3급

전체 번호	등급별 번호	등급	어휘	품사	길잡이 말	교육내용개발	등급
2522	687	3급	빗다	동사	머리를 빗다	중급	3급
2523	688	3급	빛	명사	형광등 빛	중급	3급
2524	689	3급	빠지다01	동사	앞니가 빠지다	중급	3급
2525	690	3급	빨강	명사	색	중급	3급
2526	691	3급	빨개지다	동사	얼굴이 빨개지다	중급	3급
2527	692	3급	빨다01	동사	사탕을 빨다	중급	3급
2528	693	3급	뺏다	동사	돈을 뺏다	중급	3급
2529	694	3급	뼈	명사	동물의 뼈	중급	3급
2530	695	3급	뽀뽀	명사	볼에 뽀뽀하다	중급	3급
2531	696	3급	뿌리	명사	나무의 뿌리	중급	3급
2532	697	3급	뿌리다	동사	물을 뿌리다	중급	3급
2533	698	3급	삐다	동사	발목을 삐다	중급	3급
2534	699	3급	-사01	접사	변호사	중급	3급
2535	700	3급	사건	명사	사건이 발생하다	중급	3급
2536	701	3급	사과02	명사	잘못을 사과하다	중급	3급
2537	702	3급	사교적01·사교적02	관형사·명사	사교적 성격	중급	3급
2538	703	3급	사나이	명사	씩씩한 사나이	중급	3급
2539	704	3급	사라지다	동사	사람들이 사라지다	중급	3급
2540	705	3급	사무	명사	사무 담당	중급	3급
2541	706	3급	사무소	명사	개인 사무소	중급	3급
2542	707	3급	사물	명사	사물을 그리다	중급	3급
2543	708	3급	사생활	명사	사생활 간섭	중급	3급
2544	709	3급	사업가	명사	사업가로서 성공하다	중급	3급
2545	710	3급	사용법	명사	사용법을 설명하다	중급	3급
2546	711	3급	사우나	명사	사우나로 땀을 내다	중급	3급
2547	712	3급	사이트	명사	사이트에 접속하다	중급	3급
2548	713	3급	사인02	동사	계약서에 사인하다	중급	3급
2549	714	3급	사자02	명사	동물	중급	3급
2550	715	3급	사적01·사적02	관형사·명사	사적인 생활	중급	3급
2551	716	3급	사전00	명사	백과사전	중급	3급
2552	717	3급	사전01	명사	사전 준비	중급	3급
2553	718	3급	사진관	명사	사진관을 운영하다	중급	3급
2554	719	3급	사촌	명사	사촌 언니	중급	3급
2555	720	3급	사항	명사	주의 사항	중급	3급
2556	721	3급	사회02	명사	상류 사회	중급	3급
2557	722	3급	사회자	명사	사회자가 질문하다	중급	3급
2558	723	3급	사회적01·사회적02	관형사·명사	사회적 문제	중급	3급
2559	724	3급	삭제	명사	파일 삭제	중급	3급
2560	725	3급	산꼭대기	명사	산꼭대기에 오르다	중급	3급
2561	726	3급	산업	명사	자동차 산업	중급	3급
2562	727	3급	살아나다	동사	겨우 살아나다	중급	3급
2563	728	3급	살인	명사	살인을 저지르다	중급	3급
2564	729	3급	살짝	부사	살짝 움직이다	중급	3급
2565	730	3급	살찌다	동사	살찐 몸	중급	3급
2566	731	3급	살펴보다	동사	주위를 살펴보다	중급	3급
2567	732	3급	살피다	동사	주위를 살피다	중급	3급
2568	733	3급	삶	명사	삶을 누리다	중급	3급
2569	734	3급	삶다	동사	국수를 삶다	중급	3급
2570	735	3급	상01	명사	상과 하	중급	3급
2571	736	3급	상02	명사	상을 차리다	중급	3급
2572	737	3급	상관없다	형용사	상관없는 문제	중급	3급
2573	738	3급	상담	명사	상담을 받다	중급	3급
2574	739	3급	상대방	명사	상대방의 입장	중급	3급
2575	740	3급	상식	명사	상식에 어긋나다	중급	3급
2576	741	3급	상영	명사	영화 상영	중급	3급
2577	742	3급	상점	명사	상점의 주인	중급	3급
2578	743	3급	상태	명사	건강 상태	중급	3급
2579	744	3급	상하다	동사	뼈가 상하다	중급	3급

전체 번호	등급별 번호	등급	어휘	품사	길잡이 말	교육내용개발	등급
2580	745	3급	상황	명사	주변 상황	중급	3급
2581	746	3급	새로이	부사	새로이 시작하다	중급	3급
2582	747	3급	새엄마	명사	새엄마를 맞이하다	중급	3급
2583	748	3급	새우	명사	새우를 먹다	중급	3급
2584	749	3급	새집01	명사	새집으로 이사하다	중급	3급
2585	750	3급	샌들	명사	샌들을 신다	중급	3급
2586	751	3급	−생02	접사	실습생	중급	3급
2587	752	3급	생년월일	명사	생년월일을 적다	중급	3급
2588	753	3급	생머리	명사	곱슬머리	중급	3급
2589	754	3급	생활비	명사	생활비를 벌다	중급	3급
2590	755	3급	생활용품	명사	생활용품을 구입하다	중급	3급
2591	756	3급	샴푸	명사	샴푸로 머리를 감다	중급	3급
2592	757	3급	서02	명사	방향	중급	3급
2593	758	3급	서넛	수사	숫자	중급	3급
2594	759	3급	서명	명사	사인	중급	3급
2595	760	3급	서부	명사	서부 지역	중급	3급
2596	761	3급	서투르다	형용사	서투른 운전	중급	3급
2597	762	3급	석유	명사	석유 연료	중급	3급
2598	763	3급	선04	명사	선을 긋다	중급	3급
2599	764	3급	선글라스	명사	선글라스를 끼다	중급	3급
2600	765	3급	선약	명사	선약이 있다	중급	3급
2601	766	3급	설01	명사	설날	중급	3급
2602	767	3급	설명서	명사	제품 설명서	중급	3급
2603	768	3급	설문	명사	설문에 답하다	중급	3급
2604	769	3급	설문지	명사	설문지를 돌리다	중급	3급
2605	770	3급	설사01	명사	설사 증상	중급	3급
2606	771	3급	성당	명사	성당에 다니다	중급	3급
2607	772	3급	성명01	명사	이름	중급	3급
2608	773	3급	성별	명사	성별에 관계없이	중급	3급
2609	774	3급	성실	명사	성실한 사람	중급	3급
2610	775	3급	성인01	명사	성인 여성	중급	3급
2611	776	3급	세기	명사	21세기	중급	3급
2612	777	3급	세다02	동사	수를 세다	중급	3급
2613	778	3급	세련되다	형용사	옷차림이 세련되다	중급	3급
2614	779	3급	세로01/세로02	명사/부사	세로와 가로	중급	3급
2615	780	3급	세월	명사	세월이 흐르다	중급	3급
2616	781	3급	세일	명사	세일 가격	중급	3급
2617	782	3급	세제01	명사	세제로 닦아내다	중급	3급
2618	783	3급	세차	명사	세차를 받다	중급	3급
2619	784	3급	세탁물	명사	세탁물을 맡기다	중급	3급
2620	785	3급	세트	명사	선물 세트	중급	3급
2621	786	3급	센티	의존명사	1센티	중급	3급
2622	787	3급	셔츠	명사	셔츠를 입다	중급	3급
2623	788	3급	−소	접사	연구소	중급	3급
2624	789	3급	소−02	접사	소규모	중급	3급
2625	790	3급	소감	명사	소감을 말하다	중급	3급
2626	791	3급	소개팅	명사	소개팅을 나가다	중급	3급
2627	792	3급	소극장	명사	소극장에서 공연하다	중급	3급
2628	793	3급	소금물	명사	소금물에 절이다	중급	3급
2629	794	3급	소나기	명사	소나기가 내리다	중급	3급
2630	795	3급	소독	명사	상처 소독	중급	3급
2631	796	3급	소독약	명사	소독약을 바르다	중급	3급
2632	797	3급	소매01	명사	소매가 길다	중급	3급
2633	798	3급	소문	명사	소문이 퍼지다	중급	3급
2634	799	3급	소방관	명사	소방관이 출동하다	중급	3급
2635	800	3급	소방서	명사	소방서에 신고하다	중급	3급
2636	801	3급	소변	명사	소변이 마렵다	중급	3급
2637	802	3급	소설가	명사	소설가의 작품	중급	3급

전체 번호	등급별 번호	등급	어휘	품사	길잡이 말	교육내용개발	등급
2638	803	3급	소설책	명사	소설책을 읽다	중급	3급
2639	804	3급	소시지	명사	소시지를 먹다	중급	3급
2640	805	3급	소아과	명사	소아과에서 진찰 받다	중급	3급
2641	806	3급	소요01	명사	소요 시간	중급	3급
2642	807	3급	소원	명사	소원을 빌다	중급	3급
2643	808	3급	소화	명사	소화를 돕다	중급	3급
2644	809	3급	속담	명사	속담을 인용하다	중급	3급
2645	810	3급	속상하다	형용사	속상한 마음	중급	3급
2646	811	3급	손가방	명사	손가방을 들다	중급	3급
2647	812	3급	손등	명사	손등으로 문지르다	중급	3급
2648	813	3급	손목	명사	손목이 가늘다	중급	3급
2649	814	3급	손목시계	명사	손목시계를 차다	중급	3급
2650	815	3급	손발	명사	손발이 저리다	중급	3급
2651	816	3급	손뼉	명사	손뼉을 치다	중급	3급
2652	817	3급	손자	명사	손자와 손녀	중급	3급
2653	818	3급	솜씨	명사	솜씨가 좋다	중급	3급
2654	819	3급	송별회	명사	송별회를 열다	중급	3급
2655	820	3급	송이	명사	송이가 맺히다	중급	3급
2656	821	3급	쇠고기	명사	쇠고기를 굽다	중급	3급
2657	822	3급	쇼	명사	쇼를 보다	중급	3급
2658	823	3급	쇼핑몰	명사	쇼핑몰을 운영하다	중급	3급
2659	824	3급	쇼핑센터	명사	쇼핑센터에서 사다	중급	3급
2660	825	3급	수06	명사	요일	중급	3급
2661	826	3급	수다	명사	수다를 떨다	중급	3급
2662	827	3급	수단01	명사	결제 수단	중급	3급
2663	828	3급	수도01	명사	수도가 새다	중급	3급
2664	829	3급	수도02	명사	나라의 수도	중급	3급
2665	830	3급	수량	명사	수량이 모자라다	중급	3급
2666	831	3급	수리03	명사	수리를 맡기다	중급	3급
2667	832	3급	수면02	명사	수면을 취하다	중급	3급
2668	833	3급	수면제	명사	수면제를 복용하다	중급	3급
2669	834	3급	수선02	명사	수선을 맡기다	중급	3급
2670	835	3급	수수료	명사	수수료가 붙다	중급	3급
2671	836	3급	수입01	명사	수입이 많다	중급	3급
2672	837	3급	수입02	명사	수입을 허용하다	중급	3급
2673	838	3급	수정03	명사	계획의 수정	중급	3급
2674	839	3급	수집02	명사	우표 수집	중급	3급
2675	840	3급	수출	명사	해외 수출	중급	3급
2676	841	3급	수표	명사	수표를 발행하다	중급	3급
2677	842	3급	수학02	명사	수학 문제	중급	3급
2678	843	3급	숙박	명사	숙박 시설	중급	3급
2679	844	3급	숙박비	명사	호텔의 숙박비	중급	3급
2680	845	3급	숙소	명사	숙소에 머물다	중급	3급
2681	846	3급	순간	명사	위기의 순간	중급	3급
2682	847	3급	술잔	명사	술잔을 돌리다	중급	3급
2683	848	3급	숨다	동사	몰래 숨다	중급	3급
2684	849	3급	숲	명사	숲이 우거지다	중급	3급
2685	850	3급	쉬다02	동사	목이 쉬다	중급	3급
2686	851	3급	쉿	감탄사		중급	3급
2687	852	3급	슈퍼	명사	슈퍼에서 구입하다	중급	3급
2688	853	3급	스무째00	수사·관형사/명사	순서	중급	3급
2689	854	3급	스커트	명사	스커트를 입다	중급	3급
2690	855	3급	스타일	명사	독특한 스타일	중급	3급
2691	856	3급	스타킹	명사	스타킹을 신다	중급	3급
2692	857	3급	슬리퍼	명사	슬리퍼를 신다	중급	3급
2693	858	3급	습기	명사	습기가 차다	중급	3급
2694	859	3급	습도	명사	습도가 높다	중급	3급
2695	860	3급	습하다	형용사	습한 공기	중급	3급

전체 번호	등급별 번호	등급	어휘	품사	길잡이 말	교육내용개발	등급
2696	861	3급	승객	명사	승객을 태우다	중급	3급
2697	862	3급	승무원	명사	비행기 승무원	중급	3급
2698	863	3급	승진	명사	승진 시험	중급	3급
2699	864	3급	승차	명사	승차 거부	중급	3급
2700	865	3급	승차권	명사	승차권을 끊다	중급	3급
2701	866	3급	시04	명사	시를 읽다	중급	3급
2702	867	3급	시각01	명사	일출 시각	중급	3급
2703	868	3급	시기01	명사	등록 시기	중급	3급
2704	869	3급	시내버스	명사	시내버스를 타다	중급	3급
2705	870	3급	시대	명사	조선 시대	중급	3급
2706	871	3급	시디	명사	시디를 굽다	중급	3급
2707	872	3급	시설	명사	교육 시설	중급	3급
2708	873	3급	시아버지	명사	시아버지를 모시다	중급	3급
2709	874	3급	시외	명사	시외로 나가다	중급	3급
2710	875	3급	시외버스	명사	시외버스를 타다	중급	3급
2711	876	3급	시장01	명사	시장을 뽑다	중급	3급
2712	877	3급	시집01	명사	시집 식구	중급	3급
2713	878	3급	시집02	명사	시집을 읽다	중급	3급
2714	879	3급	시험지	명사	시험지를 채점하다	중급	3급
2715	880	3급	식기	명사	식기를 닦다	중급	3급
2716	881	3급	식당가	명사	식당가에서 먹다	중급	3급
2717	882	3급	식료품	명사	식료품 가게	중급	3급
2718	883	3급	식비	명사	식비가 들다	중급	3급
2719	884	3급	식사량	명사	식사량을 조절하다	중급	3급
2720	885	3급	식용유	명사	식용유에 튀기다	중급	3급
2721	886	3급	식중독	명사	식중독에 걸리다	중급	3급
2722	887	3급	식품점	명사	식품점에서 사다	중급	3급
2723	888	3급	식후	명사	식후 30분	중급	3급
2724	889	3급	식히다	동사	더위를 식히다	중급	3급
2725	890	3급	신경	명사	신경이 예민하다	중급	3급
2726	891	3급	신고	명사	도난 신고	중급	3급
2727	892	3급	신기하다01	형용사	신기한 일	중급	3급
2728	893	3급	신나다	동사	신난 아이들	중급	3급
2729	894	3급	신문사	명사	신문사 기자	중급	3급
2730	895	3급	신문지	명사	신문지에 싸다	중급	3급
2731	896	3급	신부01	명사	신부와 수녀	중급	3급
2732	897	3급	신분	명사	사회적 신분	중급	3급
2733	898	3급	신사	명사	신사와 숙녀	중급	3급
2734	899	3급	신용	명사	신용을 잃다	중급	3급
2735	900	3급	신입	명사	신입 사원	중급	3급
2736	901	3급	신입생	명사	신입생을 모집하다	중급	3급
2737	902	3급	신청서	명사	신청서를 접수하다	중급	3급
2738	903	3급	신체	명사	신체가 튼튼하다	중급	3급
2739	904	3급	신혼	명사	신혼 생활	중급	3급
2740	905	3급	신혼부부	명사	예비 신혼부부	중급	3급
2741	906	3급	실01	명사	실로 묶다	중급	3급
2742	907	3급	실내	명사	실내 수영장	중급	3급
2743	908	3급	실력	명사	실력이 뛰어나다	중급	3급
2744	909	3급	실리다01	동사	배에 실리다	중급	3급
2745	910	3급	실망	명사	실망이 크다	중급	3급
2746	911	3급	실제로	부사	실제로 일어나다	중급	3급
2747	912	3급	실종	명사	실종 사건	중급	3급
2748	913	3급	실컷	부사	실컷 놀다	중급	3급
2749	914	3급	싫증	명사	싫증이 나다	중급	3급
2750	915	3급	-심	접사	배려심	중급	3급
2751	916	3급	심각하다	형용사	문제가 심각하다	중급	3급
2752	917	3급	심리	명사	기대 심리	중급	3급
2753	918	3급	싱싱하다	형용사	싱싱한 꽃	중급	3급

전체 번호	등급별 번호	등급	어휘	품사	길잡이 말	교육내용개발	등급
2754	919	3급	싸다02	동사	오줌을 싸다	중급	3급
2755	920	3급	쌍	명사	쌍으로 묶다	중급	3급
2756	921	3급	쌍둥이	명사	이란성 쌍둥이	중급	3급
2757	922	3급	쌓이다	동사	책들이 쌓이다	중급	3급
2758	923	3급	썩다	동사	고기가 썩다	중급	3급
2759	924	3급	쏟다	동사	기름을 쏟다	중급	3급
2760	925	3급	쏟아지다	동사	물이 쏟아지다	중급	3급
2761	926	3급	쓰기	명사	쓰기 평가	중급	3급
2762	927	3급	쓰이다01	동사	글씨가 쓰이다	중급	3급
2763	928	3급	쓰이다02	동사	재료가 쓰이다	중급	3급
2764	929	3급	쓸다	동사	낙엽을 쓸다	중급	3급
2765	930	3급	씨01	명사	씨를 뿌리다	중급	3급
2766	931	3급	─씩	접사	조금씩	중급	3급
2767	932	3급	아가	명사	아가가 울다	중급	3급
2768	933	3급	아끼다	동사	돈을 아끼다	중급	3급
2769	934	3급	아냐	감탄사		중급	3급
2770	935	3급	아래층	명사	아래층으로 내려가다	중급	3급
2771	936	3급	아랫사람	명사	아랫사람의 도리	중급	3급
2772	937	3급	아랫집	명사	아랫집에 내려가다	중급	3급
2773	938	3급	아쉽다	명사	작별이 아쉽다	중급	3급
2774	939	3급	아시아	명사	아시아 대륙	중급	3급
2775	940	3급	아이02	감탄사		중급	3급
2776	941	3급	아이고	감탄사		중급	3급
2777	942	3급	아이디어	명사	아이디어가 뛰어나다	중급	3급
2778	943	3급	아침밥	명사	아침밥을 먹다	중급	3급
2779	944	3급	아침저녁00	명사	아침저녁으로 만나다	중급	3급
2780	945	3급	아프리카	명사	아프리카 대륙	중급	3급
2781	946	3급	아픔	명사	육신의 아픔	중급	3급
2782	947	3급	아홉째02·아홉째01/아홉째03	수사·관형사/명사	순서	중급	3급
2783	948	3급	악수	명사	화해의 악수	중급	3급
2784	949	3급	안과	명사	안과 진료	중급	3급
2785	950	3급	안내서00	명사	안내서를 읽다	중급	3급
2786	951	3급	안내원	명사	안내원을 따라가다	중급	3급
2787	952	3급	안내판	명사	안내판을 세우다	중급	3급
2788	953	3급	안방	명사	아늑한 안방	중급	3급
2789	954	3급	안부	명사	안부를 묻다	중급	3급
2790	955	3급	안색	명사	안색이 나쁘다	중급	3급
2791	956	3급	안심02	명사	안심 귀가	중급	3급
2792	957	3급	안약	명사	안약을 넣다	중급	3급
2793	958	3급	안전띠	명사	안전띠를 매다	중급	3급
2794	959	3급	안정01	명사	안정을 유지하다	중급	3급
2795	960	3급	앓다01	동사	세수를 앓다	중급	3급
2796	961	3급	알01/알02	명사/의존명사	알을 까다	중급	3급
2797	962	3급	알레르기	명사	알레르기 증상	중급	3급
2798	963	3급	알려지다	동사	사실이 알려지다	중급	3급
2799	964	3급	알아내다	동사	사실을 알아내다	중급	3급
2800	965	3급	알아듣다	동사	말귀를 알아듣다	중급	3급
2801	966	3급	암02	명사	암에 걸리다	중급	3급
2802	967	3급	앗	감탄사		중급	3급
2803	968	3급	앞날	명사	앞날을 기약하다	중급	3급
2804	969	3급	앞뒤	명사	앞뒤를 돌아보다	중급	3급
2805	970	3급	앞머리	명사	앞머리를 기르다	중급	3급
2806	971	3급	앞집	명사	앞집 아줌마	중급	3급
2807	972	3급	애기	명사	애기를 낳다	중급	3급
2808	973	3급	애완동물	명사	애완동물을 기르다	중급	3급
2809	974	3급	액세서리	명사	액세서리를 걸치다	중급	3급
2810	975	3급	액자	명사	액자를 걸다	중급	3급
2811	976	3급	야경	명사	야경을 감상하다	중급	3급

전체 번호	등급별 번호	등급	어휘	품사	길잡이 말	교육내용개발	등급
2812	977	3급	야근	명사	야근이 잦다	중급	3급
2813	978	3급	야외	명사	야외로 나가다	중급	3급
2814	979	3급	약도	명사	약도를 그리다	중급	3급
2815	980	3급	약품	명사	약품 개발	중급	3급
2816	981	3급	양02	명사	양을 몰다	중급	3급
2817	982	3급	양04	관형사	양 볼	중급	3급
2818	983	3급	양06	명사	알맞은 양	중급	3급
2819	984	3급	양념	명사	양념을 뿌리다	중급	3급
2820	985	3급	양력	명사	양력과 음력	중급	3급
2821	986	3급	양배추	명사	양배추를 썰다	중급	3급
2822	987	3급	양보	명사	자리 양보	중급	3급
2823	988	3급	양산01	명사	양산을 쓰다	중급	3급
2824	989	3급	양식04	명사	양식에 맞추다	중급	3급
2825	990	3급	양옆	명사	양옆에 앉다	중급	3급
2826	991	3급	양쪽	명사	양쪽 뺨	중급	3급
2827	992	3급	양파	명사	양파 냄새	중급	3급
2828	993	3급	애03	줄어든말	이 아이	중급	3급
2829	994	3급	—어01	접사	한국어	중급	3급
2830	995	3급	어기다	동사	약속을 어기다	중급	3급
2831	996	3급	어느새	부사	어느새 다 자라다	중급	3급
2832	997	3급	어떡하다	줄어든말	어떠하게 하다	중급	3급
2833	998	3급	어려움	명사	어려움을 겪다	중급	3급
2834	999	3급	어머	감탄사		중급	3급
2835	1000	3급	어저께02/어저께01	부사/명사	어저께 아침	중급	3급
2836	1001	3급	어지럽다	형용사	머리가 어지럽다	중급	3급
2837	1002	3급	어휘	명사	풍부한 어휘	중급	3급
2838	1003	3급	어휴	감탄사		중급	3급
2839	1004	3급	언덕	명사	언덕을 오르다	중급	3급
2840	1005	3급	얼룩	명사	옷의 얼룩	중급	3급
2841	1006	3급	얼른	부사	얼른 일어나다	중급	3급
2842	1007	3급	얼마간	명사	얼마간의 돈	중급	3급
2843	1008	3급	업다	동사	아이를 업다	중급	3급
2844	1009	3급	업무	명사	업무를 끝내다	중급	3급
2845	1010	3급	없애다	동사	근심을 없애다	중급	3급
2846	1011	3급	없어지다	동사	말이 없어지다	중급	3급
2847	1012	3급	없이	부사	사고 없이	중급	3급
2848	1013	3급	엊그제02/엊그제01	부사/명사	엊그제 아침	중급	3급
2849	1014	3급	에스컬레이터	명사	에스컬레이터에 오르다	중급	3급
2850	1015	3급	여02	명사	남과 여	중급	3급
2851	1016	3급	—여02	접사	십여 년	중급	3급
2852	1017	3급	여가	명사	여가를 즐기다	중급	3급
2853	1018	3급	여관	명사	여관을 잡다	중급	3급
2854	1019	3급	여기다	동사	친구로 여기다	중급	3급
2855	1020	3급	여덟째02·여덟째01/여덟째03	수사·관형사/명사	순서	중급	3급
2856	1021	3급	여드름	명사	여드름이 나다	중급	3급
2857	1022	3급	여름철	명사	여름철 날씨	중급	3급
2858	1023	3급	여름휴가	명사	여름휴가를 떠나다	중급	3급
2859	1024	3급	여보	감탄사		중급	3급
2860	1025	3급	여섯째02·여섯째01/여섯째03	수사·관형사/명사	순서	중급	3급
2861	1026	3급	여유	명사	여유가 넘치다	중급	3급
2862	1027	3급	여유롭다	형용사	여유로운 삶	중급	3급
2863	1028	3급	여인	명사	중년 여인	중급	3급
2864	1029	3급	여쭈다	동사	선생님께 여쭈다	중급	3급
2865	1030	3급	역사가	명사	역사가가 연구하다	중급	3급
2866	1031	3급	역사적01·역사적02	관형사·명사	역사적 기록	중급	3급
2867	1032	3급	역할	명사	역할을 맡다	중급	3급
2868	1033	3급	연01	명사	연 강수량	중급	3급
2869	1034	3급	연고01	명사	연고를 바르다	중급	3급

전체 번호	등급별 번호	등급	어휘	품사	길잡이 말	교육내용개발	등급
2870	1035	3급	연구	명사	연구 성과	중급	3급
2871	1036	3급	연기01	명사	무거운 연기	중급	3급
2872	1037	3급	연기03	명사	배우의 연기	중급	3급
2873	1038	3급	연두색	명사	색	중급	3급
2874	1039	3급	연인	명사	연인 관계	중급	3급
2875	1040	3급	연장02	명사	연장 근무	중급	3급
2876	1041	3급	연주	명사	피아노 연주	중급	3급
2877	1042	3급	연주회	명사	피아노 연주회	중급	3급
2878	1043	3급	연하다	형용사	고기가 연하다	중급	3급
2879	1044	3급	열리다01	동사	사과가 열리다	중급	3급
2880	1045	3급	열쇠고리	명사	열쇠고리를 사오다	중급	3급
2881	1046	3급	열째02·열째01/열째03	수사·관형사/명사	순서	중급	3급
2882	1047	3급	영01	부사		중급	3급
2883	1048	3급	영리하다	형용사	영리한 학생	중급	3급
2884	1049	3급	영상01	명사	영상에 담다	중급	3급
2885	1050	3급	영상02	명사	영상의 온도	중급	3급
2886	1051	3급	영양	명사	영양 상태	중급	3급
2887	1052	3급	영양제	명사	영양제를 챙기다	중급	3급
2888	1053	3급	영웅	명사	전쟁 영웅	중급	3급
2889	1054	3급	영원히	부사	영원히 사랑하다	중급	3급
2890	1055	3급	영향	명사	영향을 미치다	중급	3급
2891	1056	3급	예05	명사	대표적인 예	중급	3급
2892	1057	3급	예06	명사	예가 바르다	중급	3급
2893	1058	3급	예금	명사	예금을 인출하다	중급	3급
2894	1059	3급	예방	명사	산불 예방	중급	3급
2895	1060	3급	예보	명사	날씨 예보	중급	3급
2896	1061	3급	예상	명사	예상과 다르다	중급	3급
2897	1062	3급	예식장	명사	예식장을 예약하다	중급	3급
2898	1063	3급	예의	명사	예의가 바르다	중급	3급
2899	1064	3급	예절	명사	예절을 지키다	중급	3급
2900	1065	3급	예정	명사	예정 시간	중급	3급
2901	1066	3급	예측	명사	예측이 어긋나다	중급	3급
2902	1067	3급	예컨대	부사		중급	3급
2903	1068	3급	옛날이야기	명사	옛날이야기를 듣다	중급	3급
2904	1069	3급	오02	감탄사		중급	3급
2905	1070	3급	오락실	명사	오락실 게임	중급	3급
2906	1071	3급	오래오래	부사	오래오래 사세요	중급	3급
2907	1072	3급	오랜	관형사	오랜 시간	중급	3급
2908	1073	3급	오른편	명사	오른편을 향하다	중급	3급
2909	1074	3급	오리	명사	오리를 잡다	중급	3급
2910	1075	3급	오징어	명사	오징어 요리	중급	3급
2911	1076	3급	오토바이	명사	오토바이를 몰다	중급	3급
2912	1077	3급	오페라	명사	오페라를 감상하다	중급	3급
2913	1078	3급	오피스텔	명사	오피스텔을 분양하다	중급	3급
2914	1079	3급	오해	명사	오해를 풀다	중급	3급
2915	1080	3급	온	관형사	온 집안	중급	3급
2916	1081	3급	온몸	명사	온몸이 나른하다	중급	3급
2917	1082	3급	온천	명사	온천 관광	중급	3급
2918	1083	3급	올	명사	올 삼월	중급	3급
2919	1084	3급	올라서다	동사	계단에 올라서다	중급	3급
2920	1085	3급	올려놓다	동사	책을 올려놓다	중급	3급
2921	1086	3급	올바르다	형용사	올바른 태도	중급	3급
2922	1087	3급	올여름	명사	올여름 날씨	중급	3급
2923	1088	3급	옮기다	동사	숙소를 옮기다	중급	3급
2924	1089	3급	옷차림	명사	옷차림이 가볍다	중급	3급
2925	1090	3급	와인	명사	와인을 마시다	중급	3급
2926	1091	3급	완성	명사	완성을 시키다	중급	3급
2927	1092	3급	왕복	명사	왕복 열차	중급	3급

전체 번호	등급별 번호	등급	어휘	품사	길잡이 말	교육내용개발	등급
2928	1093	3급	외02	의존명사	그 외	중급	3급
2929	1094	3급	외과	명사	외과 의사	중급	3급
2930	1095	3급	외교	명사	외교 관계	중급	3급
2931	1096	3급	외교관	명사	외교관을 임명하다	중급	3급
2932	1097	3급	외모	명사	준수한 외모	중급	3급
2933	1098	3급	외박	명사	외박이 잦다	중급	3급
2934	1099	3급	외부	명사	외부 공사	중급	3급
2935	1100	3급	외삼촌	명사	외삼촌과 외숙모	중급	3급
2936	1101	3급	외숙모	명사	외숙모와 외삼촌	중급	3급
2937	1102	3급	외식	명사	외식 산업	중급	3급
2938	1103	3급	외투01	명사	외투를 입다	중급	3급
2939	1104	3급	외할머니	명사	외할머니를 뵙다	중급	3급
2940	1105	3급	외할아버지	명사	외할아버지와 외할머니	중급	3급
2941	1106	3급	왼발	명사	왼발이 크다	중급	3급
2942	1107	3급	요01	명사	요를 깔다	중급	3급
2943	1108	3급	요가	명사	요가를 배우다	중급	3급
2944	1109	3급	요구르트	명사	요구르트를 마시다	중급	3급
2945	1110	3급	요리법	명사	요리법을 개발하다	중급	3급
2946	1111	3급	욕실	명사	욕실을 청소하다	중급	3급
2947	1112	3급	—용	접사	어린이용	중급	3급
2948	1113	3급	용02	명사	용이 승천하다	중급	3급
2949	1114	3급	용기01	명사	용기를 내다	중급	3급
2950	1115	3급	용돈	명사	용돈을 벌다	중급	3급
2951	1116	3급	용품	명사	등산 용품	중급	3급
2952	1117	3급	우물	명사	우물을 파다	중급	3급
2953	1118	3급	우선02	명사	노약자 우선	중급	3급
2954	1119	3급	우수03	명사	우수 학생	중급	3급
2955	1120	3급	우연히	부사	우연히 발견하다	중급	3급
2956	1121	3급	우울	명사	우울에 빠지다	중급	3급
2957	1122	3급	우정	명사	우정을 나누다	중급	3급
2958	1123	3급	우주	명사	우주 만물	중급	3급
2959	1124	3급	우체통	명사	빨간 우체통	중급	3급
2960	1125	3급	우측	명사	우측 방향	중급	3급
2961	1126	3급	우편02	명사	등기 우편	중급	3급
2962	1127	3급	우편물	명사	우편물을 받다	중급	3급
2963	1128	3급	우편함	명사	우편함에 넣다	중급	3급
2964	1129	3급	우회전	명사	우회전을 허용하다	중급	3급
2965	1130	3급	운01	명사	운이 좋다	중급	3급
2966	1131	3급	운동량	명사	운동량을 늘리다	중급	3급
2967	1132	3급	운동선수	명사	운동선수가 되다	중급	3급
2968	1133	3급	운명01	명사	운명을 믿다	중급	3급
2969	1134	3급	운전면허00	명사	운전면허를 따다	중급	3급
2970	1135	3급	울리다01	동사	전화기가 울리다	중급	3급
2971	1136	3급	울리다02	동사	아이를 울리다	중급	3급
2972	1137	3급	웃어른	명사	웃어른을 공경하다	중급	3급
2973	1138	3급	—원02	접사	대학원	중급	3급
2974	1139	3급	원래02/원래01	부사/명사	원래 그렇다	중급	3급
2975	1140	3급	원룸	명사	원룸에 살다	중급	3급
2976	1141	3급	원숭이	명사	수컷 원숭이	중급	3급
2977	1142	3급	원인	명사	원인을 밝히다	중급	3급
2978	1143	3급	월03	명사	요일	중급	3급
2979	1144	3급	월드컵	명사	월드컵이 열리다	중급	3급
2980	1145	3급	월세	명사	월세를 내다	중급	3급
2981	1146	3급	웬일	명사	웬일로 일찍 오다	중급	3급
2982	1147	3급	위03	의존명사	1위	중급	3급
2983	1148	3급	위층	명사	위층과 아래층	중급	3급
2984	1149	3급	위하다	동사	가족을 위하다	중급	3급
2985	1150	3급	윗글00	명사	윗글을 읽다	중급	3급

전체 번호	등급별 번호	등급	어휘	품사	길잡이 말	교육내용개발	등급
2986	1151	3급	윗사람	명사	윗사람을 모시다	중급	3급
2987	1152	3급	유람선	명사	유람선을 타다	중급	3급
2988	1153	3급	유럽	명사	유럽 국가	중급	3급
2989	1154	3급	유료	명사	유료 주차장	중급	3급
2990	1155	3급	유머	명사	유머 감각	중급	3급
2991	1156	3급	유물	명사	유물을 전시하다	중급	3급
2992	1157	3급	유적	명사	유적이 발견되다	중급	3급
2993	1158	3급	유적지	명사	유적지를 조사하다	중급	3급
2994	1159	3급	―율02	접사	할인율	중급	3급
2995	1160	3급	으악02	감탄사		중급	3급
2996	1161	3급	은01	명사	금과 은	중급	3급
2997	1162	3급	음력	명사	음력 생일	중급	3급
2998	1163	3급	음성01	명사	음성을 듣다	중급	3급
2999	1164	3급	음식물	명사	음식물을 삼키다	중급	3급
3000	1165	3급	음악회	명사	음악회에 가다	중급	3급
3001	1166	3급	음주	명사	음주 운전	중급	3급
3002	1167	3급	응급실	명사	병원 응급실	중급	3급
3003	1168	3급	응원	명사	응원 소리	중급	3급
3004	1169	3급	의견	명사	의견을 나누다	중급	3급
3005	1170	3급	의논	명사	의논 주제	중급	3급
3006	1171	3급	이곳저곳	명사	이곳저곳을 살피다	중급	3급
3007	1172	3급	이국적01·이국적02	관형사·명사	이국적 풍경	중급	3급
3008	1173	3급	이끌다	동사	단체를 이끌다	중급	3급
3009	1174	3급	이동	명사	장소 이동	중급	3급
3010	1175	3급	이따	부사	이따 만나요	중급	3급
3011	1176	3급	이래서	줄어든말	이리하여서	중급	3급
3012	1177	3급	이러다	동사	이러고 있다	중급	3급
3013	1178	3급	이런저런	관형사	이런저런 문제	중급	3급
3014	1179	3급	이력서	명사	이력서를 내다	중급	3급
3015	1180	3급	이루다	동사	꿈을 이루다	중급	3급
3016	1181	3급	이루어지다	동사	소원이 이루어지다	중급	3급
3017	1182	3급	이름표	명사	이름표를 달다	중급	3급
3018	1183	3급	이리02	부사	이리 오다	중급	3급
3019	1184	3급	이만02	부사	이만 줄이다	중급	3급
3020	1185	3급	이메일	명사	이메일을 보내다	중급	3급
3021	1186	3급	이미지	명사	청각적 이미지	중급	3급
3022	1187	3급	이비인후과	명사	이비인후과 진료	중급	3급
3023	1188	3급	이성02	명사	이성 친구	중급	3급
3024	1189	3급	이웃집	명사	이웃집을 방문하다	중급	3급
3025	1190	3급	이자02	명사	은행 이자	중급	3급
3026	1191	3급	이하	명사	수준 이하	중급	3급
3027	1192	3급	익히다02	동사	기술을 익히다	중급	3급
3028	1193	3급	인구	명사	수도권 인구	중급	3급
3029	1194	3급	인도02	명사	인도로 걷다	중급	3급
3030	1195	3급	인삼차	명사	인삼차를 마시다	중급	3급
3031	1196	3급	인상03	명사	인상에 남다	중급	3급
3032	1197	3급	인상적01·인상적02	관형사·명사	인상적 작품	중급	3급
3033	1198	3급	인생	명사	인생을 바치다	중급	3급
3034	1199	3급	인쇄	명사	인쇄가 선명하다	중급	3급
3035	1200	3급	인스턴트	명사	인스턴트 음식	중급	3급
3036	1201	3급	인심	명사	인심이 넉넉하다	중급	3급
3037	1202	3급	인원	명사	인원이 부족하다	중급	3급
3038	1203	3급	인터뷰	명사	인터뷰 기사	중급	3급
3039	1204	3급	일04	명사	요일	중급	3급
3040	1205	3급	일곱째02·일곱째01/일곱째03	수사·관형사/명사	순서	중급	3급
3041	1206	3급	일반	명사	일반 가정	중급	3급
3042	1207	3급	일본어	명사	일본어 회화	중급	3급
3043	1208	3급	일본인00	명사	일본인을 만나다	중급	3급

전체 번호	등급별 번호	등급	어휘	품사	길잡이 말	교육내용개발	등급
3044	1209	3급	일부러	부사	일부러 오다	중급	3급
3045	1210	3급	일상생활	명사	일상생활에서 사용하다	중급	3급
3046	1211	3급	일어	명사	일어로 말하다	중급	3급
3047	1212	3급	일자리	명사	일자리를 구하다	중급	3급
3048	1213	3급	일정01	명사	일정 기준	중급	3급
3049	1214	3급	일정02	명사	여행 일정	중급	3급
3050	1215	3급	일정표	명사	경기 일정표	중급	3급
3051	1216	3급	일출	명사	일출을 보다	중급	3급
3052	1217	3급	일행	명사	일행과 헤어지다	중급	3급
3053	1218	3급	읽기	명사	읽기를 잘하다	중급	3급
3054	1219	3급	입국	명사	입국 수속	중급	3급
3055	1220	3급	입맛	명사	입맛이 좋다	중급	3급
3056	1221	3급	입장료	명사	입장료를 내다	중급	3급
3057	1222	3급	입학시험	명사	입학시험에 합격하다	중급	3급
3058	1223	3급	입학식	명사	입학식을 치르다	중급	3급
3059	1224	3급	잇다	동사	끈을 잇다	중급	3급
3060	1225	3급	자01	명사	자로 재다	중급	3급
3061	1226	3급	자03	감탄사		중급	3급
3062	1227	3급	자04	명사	하늘 천 자	중급	3급
3063	1228	3급	자가용	명사	자가용으로 출근하다	중급	3급
3064	1229	3급	자격	명사	보호자 자격	중급	3급
3065	1230	3급	자기02/자기01	대명사/명사	자기만 알다	중급	3급
3066	1231	3급	자녀	명사	자녀를 양육하다	중급	3급
3067	1232	3급	자동	명사	자동으로 움직이다	중급	3급
3068	1233	3급	자료	명사	자료를 찾다	중급	3급
3069	1234	3급	자리02	명사	자리를 펴다	중급	3급
3070	1235	3급	자매	명사	쌍둥이 자매	중급	3급
3071	1236	3급	자세하다	형용사	자세한 설명	중급	3급
3072	1237	3급	자신02	명사	자신이 있다	중급	3급
3073	1238	3급	자유롭다	형용사	자유로운 생각	중급	3급
3074	1239	3급	자주색	명사	색	중급	3급
3075	1240	3급	작성	명사	보고서 작성	중급	3급
3076	1241	3급	작은아버지	명사	친척	중급	3급
3077	1242	3급	작은어머니	명사	친척	중급	3급
3078	1243	3급	작은집	명사	작은집에 가다	중급	3급
3079	1244	3급	잔돈02	명사	잔돈을 모으다	중급	3급
3080	1245	3급	잔디밭	명사	잔디밭에 앉다	중급	3급
3081	1246	3급	잠그다01	동사	문을 잠그다	중급	3급
3082	1247	3급	잠기다01	동사	문이 잠기다	중급	3급
3083	1248	3급	잠옷	명사	잠옷을 입다	중급	3급
3084	1249	3급	잡아먹다	동사	동물을 잡아먹다	중급	3급
3085	1250	3급	잡히다02	동사	도둑이 잡히다	중급	3급
3086	1251	3급	—장07	접사	운동장	중급	3급
3087	1252	3급	장단점	명사	성격의 장단점	중급	3급
3088	1253	3급	장래	명사	장래 희망	중급	3급
3089	1254	3급	장례식	명사	장례식을 치르다	중급	3급
3090	1255	3급	장마철	명사	장마철이 다가오다	중급	3급
3091	1256	3급	장면	명사	경기 장면	중급	3급
3092	1257	3급	장미꽃00	명사	장미꽃을 주다	중급	3급
3093	1258	3급	장수02	명사	장수 마을	중급	3급
3094	1259	3급	장식	명사	화려한 장식	중급	3급
3095	1260	3급	장점	명사	장점과 단점	중급	3급
3096	1261	3급	장학금	명사	장학금을 받다	중급	3급
3097	1262	3급	재다02	동사	무게를 재다	중급	3급
3098	1263	3급	재킷	명사	재킷을 입다	중급	3급
3099	1264	3급	재학	명사	재학 증명서	중급	3급
3100	1265	3급	재활용	명사	재활용 쓰레기	중급	3급
3101	1266	3급	잼	명사	잼을 바르다	중급	3급

전체 번호	등급별 번호	등급	어휘	품사	길잡이 말	교육내용개발	등급
3102	1267	3급	쟤	줄어든말	저 아이	중급	3급
3103	1268	3급	저기02	감탄사		중급	3급
3104	1269	3급	저녁때	명사	저녁때에 만나다	중급	3급
3105	1270	3급	저러다	동사	떠들고 저러다	중급	3급
3106	1271	3급	저렴하다	형용사	저렴한 물건	중급	3급
3107	1272	3급	저울	명사	저울에 달다	중급	3급
3108	1273	3급	저자03	명사	책의 저자	중급	3급
3109	1274	3급	저축	명사	저축 예금	중급	3급
3110	1275	3급	—적	접사	일반적	중급	3급
3111	1276	3급	적어도	부사		중급	3급
3112	1277	3급	적응	명사	시차 적응	중급	3급
3113	1278	3급	적히다	동사	이름이 적히다	중급	3급
3114	1279	3급	전국	명사	전국 대회	중급	3급
3115	1280	3급	전국적01·전국적02	관형사·명사	전국적 규모	중급	3급
3116	1281	3급	전날	명사	시험 전날	중급	3급
3117	1282	3급	전달02	명사	물건 전달	중급	3급
3118	1283	3급	전망	명사	아파트 전망	중급	3급
3119	1284	3급	전문02	명사	전문 분야	중급	3급
3120	1285	3급	전문가	명사	전문가를 초빙하다	중급	3급
3121	1286	3급	전문점	명사	커피 전문점	중급	3급
3122	1287	3급	전설	명사	아름다운 전설	중급	3급
3123	1288	3급	전세01	명사	전세로 살다	중급	3급
3124	1289	3급	전시01	명사	전시 상품	중급	3급
3125	1290	3급	전시회	명사	전시회를 관람하다	중급	3급
3126	1291	3급	전용01	명사	외국인 전용	중급	3급
3127	1292	3급	전원00	명사	전원을 끄다	중급	3급
3128	1293	3급	전원02	명사	전원이 참가하다	중급	3급
3129	1294	3급	전자02	명사	전자 제품	중급	3급
3130	1295	3급	전자레인지	명사	전자레인지에 데우다	중급	3급
3131	1296	3급	전자사전	명사	전자사전을 찾다	중급	3급
3132	1297	3급	전쟁	명사	한국 전쟁	중급	3급
3133	1298	3급	전통	명사	전통 의상	중급	3급
3134	1299	3급	전통적01·전통적02	관형사·명사	전통적 방식	중급	3급
3135	1300	3급	절01	명사	절에 가다	중급	3급
3136	1301	3급	절02	명사	절을 받다	중급	3급
3137	1302	3급	절03	명사	1장 1절	중급	3급
3138	1303	3급	절대01/절대02	명사/부사	절대 안정	중급	3급
3139	1304	3급	절대로	부사	절대로 아니다	중급	3급
3140	1305	3급	절약	명사	시간 절약	중급	3급
3141	1306	3급	젊은이	명사	젊은이의 꿈	중급	3급
3142	1307	3급	—점	접사	백화점	중급	3급
3143	1308	3급	점02/점03	명사/의존명사	점을 찍다	중급	3급
3144	1309	3급	점원	명사	백화점 점원	중급	3급
3145	1310	3급	점차02/점차01	부사/명사	점차 좋아지다	중급	3급
3146	1311	3급	점퍼	명사	점퍼를 입다	중급	3급
3147	1312	3급	접수02	명사	원서 접수	중급	3급
3148	1313	3급	젓다	동사	커피를 젓다	중급	3급
3149	1314	3급	정04	명사	정이 들다	중급	3급
3150	1315	3급	정답	명사	정답을 고르다	중급	3급
3151	1316	3급	정말로	부사	정말로 믿다	중급	3급
3152	1317	3급	정보	명사	여행 정보	중급	3급
3153	1318	3급	정수기	명사	정수기를 설치하다	중급	3급
3154	1319	3급	정신	명사	절약 정신	중급	3급
3155	1320	3급	정신없다	형용사	구경에 정신없다	중급	3급
3156	1321	3급	정신없이	부사	정신없이 찾다	중급	3급
3157	1322	3급	정오	명사	정오 뉴스	중급	3급
3158	1323	3급	정원01	명사	정원 미달	중급	3급
3159	1324	3급	정육점	명사	정육점의 고기	중급	3급

전체 번호	등급별 번호	등급	어휘	품사	길잡이 말	교육내용개발	등급
3160	1325	3급	정장	명사	정장을 입다	중급	3급
3161	1326	3급	정치	명사	정치 활동	중급	3급
3162	1327	3급	정형외과	명사	정형외과 의사	중급	3급
3163	1328	3급	정확히	부사	정확히 계산하다	중급	3급
3164	1329	3급	제—	접사	제3과	중급	3급
3165	1330	3급	제04	줄어든말	저의	중급	3급
3166	1331	3급	제공	명사	자료 제공	중급	3급
3167	1332	3급	제과점	명사	제과점 빵	중급	3급
3168	1333	3급	제대로	부사	제대로 갖추다	중급	3급
3169	1334	3급	제시간	명사	제시간에 도착하다	중급	3급
3170	1335	3급	제안	명사	제안을 받다	중급	3급
3171	1336	3급	제출	명사	보고서 제출	중급	3급
3172	1337	3급	제품	명사	가죽 제품	중급	3급
3173	1338	3급	조건	명사	성공 조건	중급	3급
3174	1339	3급	조깅	명사	조깅을 하다	중급	3급
3175	1340	3급	조끼	명사	조끼를 입다	중급	3급
3176	1341	3급	조리04	명사	조리 시간	중급	3급
3177	1342	3급	조미료	명사	인공 조미료	중급	3급
3178	1343	3급	조사03	명사	조사 결과	중급	3급
3179	1344	3급	조상	명사	조상을 모시다	중급	3급
3180	1345	3급	조언	명사	조언을 구하다	중급	3급
3181	1346	3급	존경	명사	존경을 받다	중급	3급
3182	1347	3급	졸리다01	동사	졸린 눈	중급	3급
3183	1348	3급	졸업생	명사	졸업생을 배출하다	중급	3급
3184	1349	3급	졸업식	명사	졸업식을 하다	중급	3급
3185	1350	3급	종교	명사	종교를 믿다	중급	3급
3186	1351	3급	종이컵	명사	종이컵을 쓰다	중급	3급
3187	1352	3급	종일02/종일01	부사/명사	종일 일하다	중급	3급
3188	1353	3급	종합	명사	종합 검사	중급	3급
3189	1354	3급	좌석	명사	좌석에 앉다	중급	3급
3190	1355	3급	좌측	명사	좌측과 우측	중급	3급
3191	1356	3급	좌회전	명사	좌회전 신호	중급	3급
3192	1357	3급	주간04/주간05	명사/의존명사	주간 계획	중급	3급
3193	1358	3급	주고받다	동사	인사를 주고받다	중급	3급
3194	1359	3급	주민	명사	동네 주민	중급	3급
3195	1360	3급	주방	명사	주방에서 요리하다	중급	3급
3196	1361	3급	주요	명사	주요 인물	중급	3급
3197	1362	3급	주유소	명사	주유소에서 일하다	중급	3급
3198	1363	3급	주의02	명사	주의가 산만하다	중급	3급
3199	1364	3급	주인공	명사	영화 주인공	중급	3급
3200	1365	3급	주제	명사	대화 주제	중급	3급
3201	1366	3급	주차권	명사	주차권을 사다	중급	3급
3202	1367	3급	주차료	명사	주차료가 비싸다	중급	3급
3203	1368	3급	죽03	명사	죽을 쑤다	중급	3급
3204	1369	3급	죽음	명사	죽음을 맞다	중급	3급
3205	1370	3급	죽이다01	동사	곤충을 죽이다	중급	3급
3206	1371	3급	준비물	명사	준비물을 챙기다	중급	3급
3207	1372	3급	줄넘기	명사	줄넘기를 하다	중급	3급
3208	1373	3급	줄무늬	명사	줄무늬 옷	중급	3급
3209	1374	3급	중01	명사	스님	중급	3급
3210	1375	3급	중고	명사	중고 자동차	중급	3급
3211	1376	3급	중고차	명사	중고차를 사다	중급	3급
3212	1377	3급	중국어	명사	중국어로 말하다	중급	3급
3213	1378	3급	중국인00	명사	중국인을 만나다	중급	3급
3214	1379	3급	중급	명사	중급 수준	중급	3급
3215	1380	3급	중단	명사	운행 중단	중급	3급
3216	1381	3급	중부	명사	중부 지방	중급	3급
3217	1382	3급	중순	명사	내달 중순	중급	3급

전체 번호	등급별 번호	등급	어휘	품사	길잡이 말	교육내용개발	등급
3218	1383	3급	중식	명사	중식을 먹다	중급	3급
3219	1384	3급	중심지	명사	경제의 중심지	중급	3급
3220	1385	3급	중형차	명사	중형차를 운전하다	중급	3급
3221	1386	3급	쥐01	명사	쥐를 잡다	중급	3급
3222	1387	3급	즉	부사		중급	3급
3223	1388	3급	즉시	명사	즉시 통과	중급	3급
3224	1389	3급	즐거움	명사	즐거움을 느끼다	중급	3급
3225	1390	3급	증가	명사	인구 증가	중급	3급
3226	1391	3급	증명서	명사	증명서를 발급하다	중급	3급
3227	1392	3급	증상	명사	감기 증상	중급	3급
3228	1393	3급	증세01	명사	독감 증세	중급	3급
3229	1394	3급	지각01	명사	지각이 생기다	중급	3급
3230	1395	3급	지나치다02	형용사	지나친 운동	중급	3급
3231	1396	3급	지난날	명사	지난날을 기억하다	중급	3급
3232	1397	3급	지다01	동사	해가 지다	중급	3급
3233	1398	3급	지도02	명사	지도를 받다	중급	3급
3234	1399	3급	지방03	명사	식물성 지방	중급	3급
3235	1400	3급	지붕	명사	지붕에 올라가다	중급	3급
3236	1401	3급	지역	명사	서울 지역	중급	3급
3237	1402	3급	지원02	명사	입사 지원	중급	3급
3238	1403	3급	지저분하다	형용사	길이 지저분하다	중급	3급
3239	1404	3급	지퍼	명사	지퍼를 잠그다	중급	3급
3240	1405	3급	직장인	명사	직장인들이 출근하다	중급	3급
3241	1406	3급	직진	명사	직진 신호	중급	3급
3242	1407	3급	진단서	명사	진단서를 떼다	중급	3급
3243	1408	3급	진심	명사	진심을 전하다	중급	3급
3244	1409	3급	진찰	명사	진찰을 받다	중급	3급
3245	1410	3급	진통제	명사	소염 진통제	중급	3급
3246	1411	3급	진학	명사	진학 상담	중급	3급
3247	1412	3급	진행	명사	진행이 순조롭다	중급	3급
3248	1413	3급	진행자	명사	뉴스 진행자	중급	3급
3249	1414	3급	질01	명사	질이 좋다	중급	3급
3250	1415	3급	집다	동사	연필을 집다	중급	3급
3251	1416	3급	집세	명사	집세를 내다	중급	3급
3252	1417	3급	집안	명사	집안이 편안하다	중급	3급
3253	1418	3급	집중	명사	정신 집중	중급	3급
3254	1419	3급	짜다01	동사	목도리를 짜다	중급	3급
3255	1420	3급	짜다02	동사	치약을 짜다	중급	3급
3256	1421	3급	—짜리	접사	백 원짜리	중급	3급
3257	1422	3급	쪽02	명사	쪽 번호	중급	3급
3258	1423	3급	쭉	부사	선을 쭉 긋다	중급	3급
3259	1424	3급	—쯤	접사	이쯤	중급	3급
3260	1425	3급	찌르다	동사	바늘로 찌르다	중급	3급
3261	1426	3급	찜질	명사	얼음찜질	중급	3급
3262	1427	3급	찢다	동사	종이를 찢다	중급	3급
3263	1428	3급	찢어지다	동사	종이가 찢어지다	중급	3급
3264	1429	3급	차량	명사	차량을 통제하다	중급	3급
3265	1430	3급	차로	명사	차로를 건너다	중급	3급
3266	1431	3급	차리다	동사	밥상을 차리다	중급	3급
3267	1432	3급	차림표	명사	차림표를 보다	중급	3급
3268	1433	3급	차이	명사	나이 차이	중급	3급
3269	1434	3급	차이점	명사	공통점과 차이점	중급	3급
3270	1435	3급	찬성	명사	찬성과 반대	중급	3급
3271	1436	3급	참가	명사	대회 참가	중급	3급
3272	1437	3급	참고	명사	참고 자료	중급	3급
3273	1438	3급	참기름	명사	참기름을 바르다	중급	3급
3274	1439	3급	참석	명사	회의 참석	중급	3급
3275	1440	3급	창03	명사	창을 열다	중급	3급

전체 번호	등급별 번호	등급	어휘	품사	길잡이 말	교육내용개발	등급
3276	1441	3급	창가01	명사	창가에 앉다	중급	3급
3277	1442	3급	창고	명사	창고에 보관하다	중급	3급
3278	1443	3급	창구	명사	예매 창구	중급	3급
3279	1444	3급	창밖	명사	창밖을 보다	중급	3급
3280	1445	3급	창피	명사	창피를 당하다	중급	3급
3281	1446	3급	채우다02	동사	자리를 채우다	중급	3급
3282	1447	3급	책가방	명사	책가방을 메다	중급	3급
3283	1448	3급	챙기다	동사	가방을 챙기다	중급	3급
3284	1449	3급	처녀	명사	처녀 시절	중급	3급
3285	1450	3급	처방	명사	처방을 내리다	중급	3급
3286	1451	3급	처방전	명사	병원 처방전	중급	3급
3287	1452	3급	천둥	명사	천둥이 치다	중급	3급
3288	1453	3급	천사	명사	천사와 악마	중급	3급
3289	1454	3급	천장	명사	천장이 높다	중급	3급
3290	1455	3급	천재01	명사	천재 시인	중급	3급
3291	1456	3급	철01	명사	철이 바뀌다	중급	3급
3292	1457	3급	철도	명사	도시 철도	중급	3급
3293	1458	3급	첫눈01	명사	첫눈에 반하다	중급	3급
3294	1459	3급	첫눈02	명사	첫눈이 내리다	중급	3급
3295	1460	3급	첫인상	명사	첫인상이 좋다	중급	3급
3296	1461	3급	청소기	명사	청소기를 돌리다	중급	3급
3297	1462	3급	청혼	명사	청혼을 받다	중급	3급
3298	1463	3급	체력	명사	체력을 단련하다	중급	3급
3299	1464	3급	체크무늬	명사	체크무늬 남방	중급	3급
3300	1465	3급	체하다02	동사	과식으로 체하다	중급	3급
3301	1466	3급	체험	명사	문화 체험	중급	3급
3302	1467	3급	초급	명사	초급 과정	중급	3급
3303	1468	3급	초록02	명사	색	중급	3급
3304	1469	3급	촌스럽다	형용사	옷차림이 촌스럽다	중급	3급
3305	1470	3급	총01	명사	총을 쏘다	중급	3급
3306	1471	3급	촬영	명사	사진 촬영	중급	3급
3307	1472	3급	최고급	명사	최고급 호텔	중급	3급
3308	1473	3급	최선	명사	최선을 다하다	중급	3급
3309	1474	3급	최저	명사	최저 임금	중급	3급
3310	1475	3급	추억	명사	추억으로 남다	중급	3급
3311	1476	3급	추천	명사	추천 도서	중급	3급
3312	1477	3급	추측	명사	추측이 맞다	중급	3급
3313	1478	3급	축구장	명사	축구장에 가다	중급	3급
3314	1479	3급	축제	명사	물꽃 축제	중급	3급
3315	1480	3급	출국	명사	출국 수속	중급	3급
3316	1481	3급	충분히	부사	충분히 쉬다	중급	3급
3317	1482	3급	취하다02	동사	술에 취하다	중급	3급
3318	1483	3급	취향	명사	개인 취향	중급	3급
3319	1484	3급	치다03	동사	밑줄을 치다	중급	3급
3320	1485	3급	치료법	명사	아토피 치료법	중급	3급
3321	1486	3급	치르다	동사	값을 치르다	중급	3급
3322	1487	3급	치수01	명사	치수를 재다	중급	3급
3323	1488	3급	치우다01	동사	물건들을 치우다	중급	3급
3324	1489	3급	치즈	명사	피자 치즈	중급	3급
3325	1490	3급	친-	접사	친부모	중급	3급
3326	1491	3급	친딸	명사	친딸처럼 대하다	중급	3급
3327	1492	3급	칸	명사	옆 칸	중급	3급
3328	1493	3급	커지다	동사	문제가 커지다	중급	3급
3329	1494	3급	커튼	명사	커튼을 달다	중급	3급
3330	1495	3급	코너	명사	코너를 돌다	중급	3급
3331	1496	3급	코미디	명사	코미디 영화	중급	3급
3332	1497	3급	코스	명사	드라이브 코스	중급	3급
3333	1498	3급	코트01	명사	코트를 입다	중급	3급

전체 번호	등급별 번호	등급	어휘	품사	길잡이 말	교육내용개발	등급
3334	1499	3급	코트02	명사	농구 코트	중급	3급
3335	1500	3급	코피	명사	코피를 흘리다	중급	3급
3336	1501	3급	콘도	명사	콘도에서 묵다	중급	3급
3337	1502	3급	콜록콜록	부사	콜록콜록 기침을 하다	중급	3급
3338	1503	3급	콧노래	명사	콧노래를 부르다	중급	3급
3339	1504	3급	큰길	명사	큰길로 다니다	중급	3급
3340	1505	3급	큰아버지	명사	큰아버지와 작은아버지	중급	3급
3341	1506	3급	큰어머니	명사	큰어머니와 작은어머니	중급	3급
3342	1507	3급	클래식	명사	클래식 음악	중급	3급
3343	1508	3급	키스	명사	첫 키스	중급	3급
3344	1509	3급	탁자	명사	탁자에 두다	중급	3급
3345	1510	3급	탑승	명사	비행기 탑승	중급	3급
3346	1511	3급	탑승객	명사	국제선 탑승객	중급	3급
3347	1512	3급	태우다02	동사	차에 태우다	중급	3급
3348	1513	3급	터뜨리다	동사	풍선을 터뜨리다	중급	3급
3349	1514	3급	털	명사	털이 빠지다	중급	3급
3350	1515	3급	털다	동사	이불을 털다	중급	3급
3351	1516	3급	테이프	명사	테이프를 끊다	중급	3급
3352	1517	3급	토02	명사	요일	중급	3급
3353	1518	3급	토론	명사	찬반 토론	중급	3급
3354	1519	3급	토하다	동사	음식을 토하다	중급	3급
3355	1520	3급	통04	부사	통 말이 없다	중급	3급
3356	1521	3급	통05	명사	통에 담다	중급	3급
3357	1522	3급	통신	명사	통신 상태	중급	3급
3358	1523	3급	통역	명사	영어 통역	중급	3급
3359	1524	3급	통일	명사	남북의 통일	중급	3급
3360	1525	3급	통통하다	형용사	몸매가 통통하다	중급	3급
3361	1526	3급	통하다	동사	바람이 통하다	중급	3급
3362	1527	3급	특기01	명사	취미와 특기	중급	3급
3363	1528	3급	특성	명사	신체적 특성	중급	3급
3364	1529	3급	특징	명사	독특한 특징	중급	3급
3365	1530	3급	틀림없이	부사	틀림없이 맞다	중급	3급
3366	1531	3급	틈틈이	부사	틈틈이 하다	중급	3급
3367	1532	3급	파01	명사	파를 썰다	중급	3급
3368	1533	3급	파다	동사	구멍을 파다	중급	3급
3369	1534	3급	파도	명사	파도가 치다	중급	3급
3370	1535	3급	파랑01	명사	색	중급	3급
3371	1536	3급	파마	명사	파마머리	중급	3급
3372	1537	3급	파일	명사	파일로 묶다	중급	3급
3373	1538	3급	파출소	명사	파출소에 신고하다	중급	3급
3374	1539	3급	판매	명사	판매 가격	중급	3급
3375	1540	3급	패션	명사	패션 잡지	중급	3급
3376	1541	3급	팬티	명사	팬티를 입다	중급	3급
3377	1542	3급	퍼센트	의존명사	백 퍼센트	중급	3급
3378	1543	3급	페이지	명사	페이지를 넘기다	중급	3급
3379	1544	3급	편02	의존명사	저쪽 편	중급	3급
3380	1545	3급	편식	명사	편식이 심하다	중급	3급
3381	1546	3급	평가	명사	평가 기준	중급	3급
3382	1547	3급	포기02	명사	중도 포기	중급	3급
3383	1548	3급	포도주	명사	포도주를 담그다	중급	3급
3384	1549	3급	포크	명사	포크로 찍다	중급	3급
3385	1550	3급	포함	명사	세금 포함	중급	3급
3386	1551	3급	폭포	명사	폭포에 가다	중급	3급
3387	1552	3급	표01	명사	표를 그리다	중급	3급
3388	1553	3급	표시02	명사	가격 표시	중급	3급
3389	1554	3급	표정	명사	표정이 밝다	중급	3급
3390	1555	3급	표지판	명사	안내 표지판	중급	3급
3391	1556	3급	표현	명사	감정 표현	중급	3급

전체 번호	등급별 번호	등급	어휘	품사	길잡이 말	교육내용개발	등급
3392	1557	3급	풀01	명사	풀로 붙이다	중급	3급
3393	1558	3급	풀리다	동사	나사가 풀리다	중급	3급
3394	1559	3급	품질	명사	품질이 뛰어나다	중급	3급
3395	1560	3급	풍선	명사	풍선을 띄우다	중급	3급
3396	1561	3급	풍습	명사	전통 풍습	중급	3급
3397	1562	3급	프린터	명사	프린터로 출력하다	중급	3급
3398	1563	3급	플라스틱	명사	플라스틱 용기	중급	3급
3399	1564	3급	피로	명사	피로가 쌓이다	중급	3급
3400	1565	3급	피부	명사	피부 미용	중급	3급
3401	1566	3급	피서	명사	여름 피서	중급	3급
3402	1567	3급	피하다	동사	책임을 피하다	중급	3급
3403	1568	3급	피해	명사	피해를 입다	중급	3급
3404	1569	3급	피해자	명사	사고 피해자	중급	3급
3405	1570	3급	하나하나01/하나하나02	명사/부사	하나하나 세다	중급	3급
3406	1571	3급	하숙	명사	하숙을 하다	중급	3급
3407	1572	3급	하양	명사	색	중급	3급
3408	1573	3급	하차	명사	하차 벨	중급	3급
3409	1574	3급	하품	명사	하품이 나오다	중급	3급
3410	1575	3급	하하01	부사	하하 웃다	중급	3급
3411	1576	3급	-학	접사	경제학	중급	3급
3412	1577	3급	학과	명사	전공 학과	중급	3급
3413	1578	3급	학습	명사	외국어 학습	중급	3급
3414	1579	3급	학자	명사	학자를 초청하다	중급	3급
3415	1580	3급	한국말	명사	한국말을 배우다	중급	3급
3416	1581	3급	한국어	명사	한국어를 배우다	중급	3급
3417	1582	3급	한국인	명사	한국인 친구	중급	3급
3418	1583	3급	한동안	명사	한동안 계속되다	중급	3급
3419	1584	3급	한때01/한때02	명사/부사	한때의 감정	중급	3급
3420	1585	3급	한문	명사	한문을 읽다	중급	3급
3421	1586	3급	한숨02	명사	한숨을 쉬다	중급	3급
3422	1587	3급	한자	명사	한자를 읽다	중급	3급
3423	1588	3급	한쪽	명사	한쪽으로 기울어지다	중급	3급
3424	1589	3급	한참00/한참	부사/명사	한참 기다리다	중급	3급
3425	1590	3급	할인점	명사	가구 할인점	중급	3급
3426	1591	3급	합격	명사	시험 합격	중급	3급
3427	1592	3급	합계	명사	합계를 구하다	중급	3급
3428	1593	3급	합치다	동사	하나로 합치다	중급	3급
3429	1594	3급	항공료	명사	항공료가 오르다	중급	3급
3430	1595	3급	해결	명사	문제 해결	중급	3급
3431	1596	3급	해돋이	명사	해돋이를 감상하다	중급	3급
3432	1597	3급	해물	명사	해물 파전	중급	3급
3433	1598	3급	해변	명사	해변을 거닐다	중급	3급
3434	1599	3급	해산물	명사	해산물 요리	중급	3급
3435	1600	3급	해수욕장	명사	해수욕장에 가다	중급	3급
3436	1601	3급	핸드백	명사	핸드백을 메다	중급	3급
3437	1602	3급	햇볕	명사	햇볕을 쬐다	중급	3급
3438	1603	3급	-행	접사	서울행	중급	3급
3439	1604	3급	행사장	명사	행사장 안내	중급	3급
3440	1605	3급	행운	명사	행운이 오다	중급	3급
3441	1606	3급	향수	명사	향수를 뿌리다	중급	3급
3442	1607	3급	향하다	동사	눈길이 향하다	중급	3급
3443	1608	3급	허락	명사	결혼 허락	중급	3급
3444	1609	3급	허리띠	명사	허리띠를 메다	중급	3급
3445	1610	3급	허벅지	명사	허벅지가 두껍다	중급	3급
3446	1611	3급	현관	명사	집 현관	중급	3급
3447	1612	3급	현대	명사	현대 문명	중급	3급
3448	1613	3급	형태	명사	건물의 형태	중급	3급
3449	1614	3급	호두	명사	호두 파이	중급	3급

전체 번호	등급별 번호	등급	어휘	품사	길잡이 말	교육내용개발	등급
3450	1615	3급	호박	명사	호박 농사	중급	3급
3451	1616	3급	호실	명사	2호실	중급	3급
3452	1617	3급	혹은	부사	아들 혹은 딸	중급	3급
3453	1618	3급	혼나다	동사	아파서 혼나다	중급	3급
3454	1619	3급	홈페이지	명사	홈페이지에 접속하다	중급	3급
3455	1620	3급	화02	명사	요일	중급	3급
3456	1621	3급	화면	명사	텔레비전 화면	중급	3급
3457	1622	3급	화분	명사	화분에 심다	중급	3급
3458	1623	3급	화장01	명사	화장이 진하다	중급	3급
3459	1624	3급	화장대	명사	화장대에 앉다	중급	3급
3460	1625	3급	화재	명사	화재 신고	중급	3급
3461	1626	3급	화폐	명사	전자 화폐	중급	3급
3462	1627	3급	화해	명사	화해를 청하다	중급	3급
3463	1628	3급	확인	명사	사실 확인	중급	3급
3464	1629	3급	환불	명사	요금 환불	중급	3급
3465	1630	3급	환상적01·환상적02	관형사·명사	환상적인 이야기	중급	3급
3466	1631	3급	환승역	명사	지하철 환승역	중급	3급
3467	1632	3급	환영회	명사	신입생 환영회	중급	3급
3468	1633	3급	환율	명사	환율이 오르다	중급	3급
3469	1634	3급	환하다	형용사	불빛이 환하다	중급	3급
3470	1635	3급	활동	명사	야외 활동	중급	3급
3471	1636	3급	활발하다	형용사	교류가 활발하다	중급	3급
3472	1637	3급	활짝	부사	활짝 열다	중급	3급
3473	1638	3급	회02	명사	회를 먹다	중급	3급
3474	1639	3급	회비	명사	회비를 내다	중급	3급
3475	1640	3급	회식	명사	부서 회식	중급	3급
3476	1641	3급	회의실	명사	회의실에 모이다	중급	3급
3477	1642	3급	회장01	명사	회장을 뽑다	중급	3급
3478	1643	3급	횟수	명사	횟수를 세다	중급	3급
3479	1644	3급	효과	명사	약 효과	중급	3급
3480	1645	3급	후반	명사	후반 경기	중급	3급
3481	1646	3급	후식	명사	후식을 먹다	중급	3급
3482	1647	3급	후추	명사	후추를 뿌리다	중급	3급
3483	1648	3급	후회	명사	늦은 후회	중급	3급
3484	1649	3급	휴가철	명사	휴가철이 시작되다	중급	3급
3485	1650	3급	휴대	명사	휴대가 간편하다	중급	3급
3486	1651	3급	휴식	명사	휴식 시간	중급	3급
3487	1652	3급	휴학	명사	휴학 신청	중급	3급
3488	1653	3급	흘러가다	동사	시냇물이 흘러가다	중급	3급
3489	1654	3급	희다00	형용사	흰 종이	중급	3급
3490	1655	3급	희생	명사	희생을 감수하다	중급	3급

부록 3. 말하기 숙달도 평가 문항 예시

1. 1급

1) 문항 예시

> *문제를 듣고 20초 동안 준비하십시오. 삐 소리가 나면 50초 동안 이야기하십시오.
>
> 1. 고향이 어디입니까? 무엇이 유명합니까? 고향을 소개하십시오.
>
> ---
>
> -고향 이름   -고향에서 유명한 것 (2개)

2) 문항 설명

- 주어진 주제에 대해 소개하는 문항이다.
- 자신의 고향 이름과 자신의 고향에서 유명한 것을 두 개 말해야 한다.

3) 답변 방법

- 문제를 듣고 20초 동안 답변을 준비한 후 삐 소리가 들리면 50초 동안 대답한다.
- 비격식체 종결어미나 격식체 종결어미를 사용하여 말하되 다음의 어휘와 문법을 활용하여 발화한다.
- 주요 어휘: 유명하다, 맛있다, 아름답다, 산책하다, 바다, 산, 생선, 시간 등
- 주요 문법: -고, -어서, -으니까, 관형형(-는), -을 수 있다, -으면, -는데, -으러 등

4) 모범 답안

> 제 고향은 부산이에요. 부산에는 유명한 바다가 있어요. 바다 이름은 광안리예요. 광안리 바다는 크고 아름다워서 바다를 좋아하는 사람들이 많이 와요. 여름에는 수영을 할 수 있고 겨울에는 바닷가에서 산책을 할 수 있어요. 그리고 바다가 있는 곳이어서 생선 시장도 유명해요. 제일 유명한 시장은 자갈치 시장인데 거기에 가면 싱싱하고 싼 생선이 많이 있어요. 여기에서 여러 가지 생선도 구경하고 맛있는 회도 먹을 수 있어요. 제 고향은 재미있는 곳이니까 시간이 있으면 놀러 오세요.

2. 2급

1) 문항 예시

> *문제를 듣고 30초 동안 준비하십시오. 삐 소리가 나면 60초 동안 이야기하십시오.
>
> 2. 이번 방학 때 여행을 가려고 합니다. 어디로 가겠습니까? 여행을 가기 전에 무엇을 준비하겠습니까? 여행을 가서 무엇을 하겠습니까? 여행 계획에 대해 이야기하십시오.
>
> > - 여행을 갈 곳
> > - 여행을 가기 전에 할 일
> > - 여행지에서 할 일

2) 문항 설명

- 주어진 주제에 대해 계획을 서술하는 문항이다.
- 자신이 이번 방학 때 어디로 여행을 갈지, 가기 전에 무엇을 준비할지, 여행을 가서 무엇을 할지에 대해 말해야 한다.

3) 답변 방법

• 문제를 듣고 30초 동안 답변을 준비한 후 삐 소리가 들리면 60초 동안 대답한다.
• 주어진 질문 내용에 맞게 말하되 다음의 어휘와 문법을 활용하여 발화한다.
• 주요 어휘: 여행 정보, 볼거리, 알아보다, 숙박시설, 예약하다, 준비하다, 두통약, 소화제 등
• 주요 문법: 만큼, -는다고 하다, 얼마나 -는지 모르다, -에 대해서, -어 보다, 관형절(-는), -을 거예요 등

4) 모범 답안

저는 제주도로 여행을 갈 거예요. 제주도만큼 아름다운 곳이 없다고 들었어요. 여행을 가기 전에 준비할 것이 얼마나 많은지 몰라요. 먼저 여행지에 대한 정보를 알아봐야 해요. 제주도 날씨, 음식, 볼거리에 대해서 알아볼 거예요. 날씨가 어떤지 볼거리로 무엇이 있는지 알아보는 것은 중요해요. 그래야 재미있는 여행을 할 수 있으니까요. 그리고 싼 숙박 시설을 예약하고 비행기 표를 살 거예요. 또 제주도 날씨에 맞는 옷과 수영복, 카메라를 준비하고 두통약이나 소화제 같은 약도 준비할 거예요. 제주도에 가서는 바다에서 수영을 하고 한라산에도 갈 거예요. 또 여행하면서 사진도 많이 찍고 맛있는 음식도 많이 먹을 거예요. 이렇게 준비하면 정말 즐겁고 재미있는 여행이 될 거예요.

3. 3급

1) 문항 예시

> *문제를 듣고 40초 동안 준비하십시오. 삐 소리가 나면 80초 동안 이야기하십시오.
>
> 3. 기억에 남는 공연이나 영화, 드라마가 있습니까? 어떤 이야기이고 어떤 장면이 기억에 남는지 이야기하십시오.
>
> | | | |
> |---|---|---|
> | -공연이나 영화, 드라마 제목 | -중심 내용 | - 기억에 남는 장면 |

2) 문항 설명

- 주어진 주제에 대해 경험을 서술하는 문항이다.
- 자신에게 기억에 남는 공연이나 영화, 드라마에 대해 제목, 중심 내용, 기억에 남는 장면에 대해 말해야 한다.

3) 답변 방법

- 문제를 듣고 40초 동안 답변을 준비한 후 삐 소리가 들리면 80초 동안 대답한다.
- 주어진 질문 내용에 맞게 말하되 다음의 어휘와 문법을 활용하여 발화한다.
- 주요 어휘: 기억에 남다, 잊다, 주인공, 사랑에 빠지다, 살리다, 장면 등
- 주요 문법: 사동사, 피동사, -는데도, -고 나서, -기 위해서, -는 대신에, -게 되다. 어 보이다, 관형절(-는) 등

4) 모범 답안

제가 지금까지 본 영화 중에서 가장 기억에 남는 영화는 타이타닉이에요. 그 영화는 바다 위 배에서 만난 남자와 여자의 슬픈 사랑이야기예요. 여자 주인공은 원래 부자인 약혼자가 있었는데 배 위에서 가난하지만 멋진 남자를 만나고 나서 사랑에 빠져요. 모두가 반대했는데도 여자는 신경쓰지 않아요. 하지만 약혼자는 행복해 보이는 두 사람 때문에 화가 많이 나요. 그런데 어느 날 갑자기 그 배가 큰 바위에 부딪히면서 바다 아래로 가라앉게 되었어요. 남자 주인공은 여자 주인공을 살리는 대신에 자기가 바다에 빠져요. 그리고 여자에게 사랑한다고 말해요. 이 영화에서 가장 기억에 남는 장면은 남자 주인공이 죽는 마지막 장면이에요. 바다 위에서 여자를 위해서 죽어가는 남자 주인공의 모습은 아직도 잊을 수 없어요. 저도 언젠가는 그런 사랑을 꼭 해 보고 싶어요.

4. 4급

1) 문항 예시

*문제를 듣고 50초 동안 준비하십시오. 삐 소리가 나면 120초 동안 이야기하십시오.

4. 최근 사회가 변화하고 기술이 발달하면서 직장의 업무 환경이 달라졌습니다. 생활의 분위기도 달라지고 있습니다. 다음 그림을 보고 최근 기술 발달의 변화로 과거와 현재의 근무 환경이 어떻게 달라졌는지 비교하고 어느 쪽을 선호하는지 이야기하십시오.

- 과거의 근무 환경
- 현재의 근무 환경
- 자신이 선호하는 방식

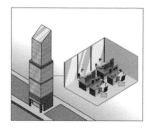

2) 문항 설명

• 특정 주제 관련하여 사회적 변화에 대해 비교, 대조하여 말하는 문항이다.
• 과거와 현재의 근무 환경이 어떻게 달라졌는지 비교한 후, 어느 쪽을 선호하
 는지 자신의 생각을 말해야 한다.

3) 답변 방법

• 문제를 듣고 50초 동안 답변을 준비한 후 삐 소리가 들리면 120초 동안
 대답한다.
• 주어진 질문 내용에 맞게 말하되 다음의 어휘와 문법을 활용하여 발화한다.
• 주요 어휘: 근무 환경, 업무, 보고하다, 결제를 받다, 교통 혼잡, 처리하다,
 화상 회의, 효율성, 소통 등
• 주요 문법: −는 경우에, −었으면야, −었어야 하다, 전만 해도, −에 따르
 면, −는다든지, −는다고 할 수 있다 등

4) 모범 답안

> 　과거에 인터넷 기술이 발달되지 않았던 시절에는 일을 하기 위해서는 꼭 회사에
> 출근을 해야만 했었어요. 또 상사에게 업무와 관련된 보고를 해야 할 때도 직접 얼굴을
> 보고 결제를 받았어야 했어요. 그리고 회의가 있으면 회의실에서 모여서 다 같이 얼굴
> 을 보고 중요한 사항에 대해 논의하곤 했지요. 또 출퇴근 시간이 정확하게 정해져
> 있다 보니 아침에 교통이 복잡할 때 직장인들이 늦는 경우도 많았어요. 몇 년 전만
> 해도 이런 모습은 흔히 볼 수 있는 광경이었어요.
> 　반면에 요즘 직장인의 근무 환경은 과거에 비해 많이 달라졌어요. 먼저 일을 하기
> 위해 꼭 회사로 출근하지 않아도 돼요. 왜냐하면 인터넷으로 집에서나 회사 밖에서도
> 일을 처리할 수 있으니까요. 물론 아주 중요한 일이라면야 꼭 회사에 가는 것이 좋겠지
> 만 그렇지 않은 경우에는 얼마든지 회사 밖에서도 일을 처리하는 것이 가능해졌어요.

예를 들어 매주 하는 회의를 집에서 화상 회의로 한다든지 해외 출장을 가지 않아도 국내에서 화상 회의로 대신하는 것을 들 수 있어요. 또 자유롭게 일을 처리하다 보니 과거에 비해 출퇴근 시간이 자유로워졌어요. 기사에 따르면 자유로운 출퇴근 시간 덕분에 직장인들이 스트레스를 덜 받는다고 해요. 한마디로 말하면, 인터넷 기술의 발달로 업무의 효율성이 높아졌다고 할 수 있어요.

하지만 저는 이 두 가지 방식 중에 직장에 나가서 서로 함께 일하는 방식을 선호해요. 모여서 함께 일해야 소통도 빨리 할 수 있고 일의 능률도 오른다고 생각해요. 또 직접 만나야 인간관계를 더 잘 유지할 수 있거든요.

5. 5급

1) 문항 예시

*문제를 듣고 60초 동안 준비하십시오. 삐 소리가 나면 150초 동안 이야기하십시오.

5. '조기 교육'은 지능 발달이 빠른 학령기 이전의 어린이를 대상으로 일정한 교과과정에 따라 실시하는 교육을 말합니다. 예를 들면 6살 이전에 외국어나 수학 교육 등을 시키는 경우가 이에 해당됩니다. 이러한 교육 방식에 대해 찬성하는지 반대하는지 말하고 그렇게 생각하는 두 가지 근거를 말하십시오. 필요한 경우 아래 도표의 내용을 활용할 수 있습니다.

- 조기 교육에 대한 입장 말하기
- 두 가지 근거 말하기

2) 문항 설명

- 특정 주제 관련하여 사회 문제에 대한 자신의 의견을 제시하는 문항이다.
- '조기 교육'에 대해 찬성하는지 반대하는 자신의 입장을 말하고 그러한 입장을 견지하는 근거를 두 가지 말해야 한다.

3) 답변 방법

- 문제를 듣고 60초 동안 답변을 준비한 후 삐 소리가 들리면 150초 동안 대답한다.
- 주어진 질문 내용에 맞게 말하되 다음의 어휘와 문법을 활용하여 발화한다.
- 주요 어휘:
  ① 찬성 발화 예시: 조기 교육, 잠재력, 발휘하다, 내재되다, 선천적으로, 역량, 제공받다, 습득력, 흡수하다, 일깨우다. 적기교육, 결정적 시기, 학령기, 인성 교육 등
  ② 반대 발화 예시: 조기 교육, 탄탄하다, 강요하다, 억지로, 학습목표, 학습동기, 뚜렷하다, 사교육비, 가중되다, 위화감, 불평등 등
- 주요 문법:
  ① 찬성 발화 예시: -은들, -고서는, -자면, -다 못해, 으로서, -는 한편, -다가도, -는 이상, -는 한, -되, -은 결과, -더라도, 으로 인해, -을뿐더러, 을 통해 등
  ② 반대 발화 예시: -는다고, -다시피, -에도 불구하고, -는다기보다는, -으로서, -으면 몰라도, -을뿐더러, -는 이상, -자면 등

4) 모범 답안

① 찬성 발화 예시

저는 조기 교육에 대해 찬성합니다. 조기 교육에 찬성하는 첫 번째 이유는 조기 교육은 아이의 잠재력을 깨워서 아이가 가진 능력을 최대한 발휘할 수 있게 하기 때문입니다. 아이들마다 자신이 가진 능력이 모두 다르니만큼 자신의 내재된 능력을 찾아주고 발휘하게 하는 일은 무엇보다 중요한 일입니다. 아무리 선천적으로 뛰어난 능력을 가지고 태어났다고 한들 현실적으로 자신의 능력을 발휘할 기회를 갖지 못한다면 아무 소용이 없을 것입니다. 조기 교육은 아이들에게 자신이 가지고 있는 잠재된 능력을 발휘할 수 있도록 기회를 제공할뿐더러 안정된 성장과 발달을 이끌어 가게 해 주는 중요한 역할을 합니다. 그뿐만 아니라, 조기 교육을 통해 그 분야에 친숙함을 느끼게 되면서 흥미를 갖게 됩니다. 예를 들어 세계적인 천재 음악가들은 대부분 5살 전후로 음악을 시작하는 경우가 많은데 이 역시 조기 교육을 통해 자신의 역량을 발휘할 수 있는 기회뿐만 아니라 흥미를 갖게 되는 기회를 제공받았기 때문이라고 볼 수 있습니다.

둘째, 조기 교육을 받은 아이들이 일반적으로 적기 교육을 받은 아이들보다 높은 습득력을 보입니다. 아이들의 뇌와 신체는 하루하루 성장해 가면서 완성되어 가는 과정에 있습니다. 이로 인해 외부 자극을 그대로 흡수하는 능력이 결정적 시기를 지난 아동들보다 훨씬 빠르고 뛰어납니다. 어떤 한 연구에 따르면 맹수가 위협하는 정글에서 자란 아이의 경우에는 처음에는 적응을 못하다가도 반년도 되지 않아서 스스로 나무를 탈 수 있을 정도로 빠른 습득력을 보였다고 합니다. 따라서 학령기 이전에 조기 교육을 시킨다면 학습적인 부분에서뿐만 아니라 인성적인 측면에서도 많은 양을 빠르게 흡수하게 되어 긍정적인 교육적 효과를 얻을 수 있습니다. 그러나 이러한 조기 교육을 시키는 과정에서 잊지 말아야 할 것은 교육을 시킴에 있어서 아이들의 의견을 무엇보다 존중해 주어야 한다는 것입니다. 즉, 조기 교육을 시키되 아이의 의사와 자유를 무시하고 무조건적으로 강요해서는 안 될 것입니다.

요약하자면 저는 조기 교육이 아이들의 내재된 잠재력을 일깨워 주고 배운 것을 빠르게 받아들이게 하는 교육적 효과가 있다는 점에서 찬성합니다.

② 반대 발화 예시

저는 조기 교육에 대해 반대합니다. 조기 교육에 반대하는 첫 번째 이유는 조기 교육은 어린 아이들에게 학업에 대한 스트레스를 주기 때문입니다. 아시다시피 최근 한국에서는 초등학교나 중학교에 아직 입학하지도 않은 어린 아이들의 실력을 탄탄하게 만든다고 부모님들이 영어다, 수학이다 여기 저기 학원에 보내는 것을 볼 수 있습니다. 그럼 그렇게 일찍 교육을 받는 아이들의 실력이 과연 뛰어나게 향상될까요? 제가 보기에는 많은 학원에 다님에도 불구하고 아이들의 실력은 그리 향상되는 것 같지 않습니다. 예를 들어 제가 지금 영어 학원에서 아이들을 가르치고 있는데요. 거기에 오는 아이들의 대부분은 자신이 원해서 왔다기보다는 부모님의 강요에 의해 오는 경우가 많습니다. 물론 선생님으로서 저는 아이들을 열심히 가르치지만 하고 싶지 않은 공부를 억지로 하는 아이들의 모습을 보면 그저 안타까울 따름입니다. 공부는 무엇보다 아이에게 분명한 학습 동기가 있을 때 그 효과를 볼 수 있습니다. 아이가 학습 목표를 분명히 가지고 있으면 몰라도 아직 학업에 대한 뚜렷한 동기도 없는 아이들에게 공부를 강요하는 것은 아이들에게 스트레스를 줄 뿐더러 비싼 학원비만 낭비하는 꼴입니다.

둘째, 너도나도 조기 교육을 시켜서 조기 교육을 시키는 분위기가 일반화되면 사교육비 부담은 더욱 늘어날 겁니다. 지금과 같이 사교육이 일반화된 이상 보통의 부모라면 조금이라도 일찍 아이들을 학원에 보내려고 애를 쓸 겁니다. 이렇게 경쟁적으로 아이들을 교육시키다 보면 사교육비 부담이 더 커지게 됩니다. 각종 교재 구입에 돈을 써야 하는 것은 물론이고 남들 하는 대로 학원이니 캠프니 좋다는 데 다 보내려다 보면 가게 부담이 더 늘어나고 유학이나 연수를 보내는 경우엔 더욱 더 많은 돈이 들어갈 겁니다. 며칠 전에 제가 본 뉴스에 따르면 아이들의 영어 교재 구입비가 거의 천만 원에 달한다고 합니다. 이렇게 많은 사교육비의 부담은 결국 서민의 생활비 부담으로 이어지게 되고 이러한 경제적 부담은 경제 사정이 어려운 아이들에게 위화감을 주고 기회의 불평등을 조성하게 됩니다. 이것은 교육적으로도 좋지 못한 결과를 가져옵니다.

요약하자면, 저는 조기 교육이 아이들에게 스트레스를 주고 사교육비의 부담을 가중시킨다는 점에서 반대합니다.

6. 6급

1) 문항 예시

*문제를 듣고 70초 동안 준비하십시오. 삐 소리가 나면 180초 동안 이야기하십시오.

6. 최근 한국 사회 전반적으로 출산율이 급속히 하락하면서 저출산 현상이 심각해지고 있습니다. 저출산 현상의 원인과 문제점은 무엇이고 이를 해결하기 위한 방안으로는 어떤 것이 있는지 자신의 생각을 말하십시오.

1970년 이후 연간 출생아 수

(2) 문항 설명

- 사회 전반 문제에 대한 원인과 해결 방안을 제시하도록 하는 문항이다.
- 최근 한국 사회 전반에 나타나는 '저출산 현상'에 대한 원인과 문제점은 무엇이고 이를 해결하기 위한 방안으로는 어떤 것이 있는지 자신의 생각을

말해야 한다.

(3) 답변 방법

- 문제를 듣고 70초 동안 답변을 준비한 후 삐 소리가 들리면 180초 동안 대답한다.
- 주어진 질문 내용에 맞게 말하되 다음의 어휘와 문법을 활용하여 발화한다.
- 주요 어휘: 출산율, 저하되다, 절실하다, 인식하다, 전적으로, 가족 계승, 번영, 육아, 돌봄, 공동화, 사회진출 확대, 보육시설, 확충하다, 정책, 구축하다, 양육비, 혜택, 확대하다, 면제하다 등
- 주요 문법: −는다는 점에서, 에 비추어, −는 까닭에, 는 커녕, −게끔, 이자, −어서야, 음으로써, 이야말로, −은 나머지, −으나, −느니만 못하다, −을 바에야 등

(4) 모범 답안

한국뿐만 아니라, 전 세계적으로 출산율이 줄어들면서 인구수가 감소하고 있습니다. 특히 한국의 경우 출산율이 세계 OECD 국가에 비추어 볼 때 매우 빠른 속도로 감소한다는 점에서 이에 대한 대책이 그 어느 때보다도 절실히 요구되는 상황입니다.

저출산 현상은 크게 사회문화적, 경제적 변화에서 그 원인을 찾아볼 수 있습니다. 먼저, 결혼과 자녀에 대한 현대인의 가치관이 변한 데 그 원인이 있습니다. 과거에는 가정의 목표를 가족 계승이나 자식 번영에 두었으나 지금은 자녀의 필요성에 대한 가치관이 약해짐으로써 출산에 대한 인식이 달라졌습니다. 즉, 아이를 꼭 낳지 않아도 된다는 인식 변화가 생긴 것이지요. 둘째, 여성의 사회적, 경제적 활동 증가를 들 수 있습니다. 여성들의 사회 경제적 활동이 늘어남에 따라 여성들이 과거에 했던 것처럼 가정 내에서 육아를 전적으로 담당할 수 없게 되었습니다. 다시 말하면 여성들의 사회 참여가 늘어난 까닭에 가정 내 돌봄의 공동화 현상이 발생하게 되었습니다. 가정 내 아이를 양육할 사람의 부재 현상이 출산율 저하로 이어지게 된 것이지요. 셋째,

자녀 양육에 따른 생활비와 교육비의 증가를 들 수 있습니다. 앞에서 말씀드렸듯이, 여성의 사회 진출이 늘어나면서 돌봄을 대신할 인력을 충당하기 위해 육아 도우미를 쓰는 가정이 많은데 여기에 상당한 돈이 들어갑니다. 또한 자녀가 성장함에 따라 학원과 같은 사교육비 또한 만만치 않게 들어갑니다. 이러한 경제적 부담감 때문에 결혼한 부부라 할지라도 자녀를 낳아서 힘들게 살 바에야 차라리 무자녀로 마음 편히 살겠다는 사람들이 늘고 있는데 이러한 요인도 저출산 원인 중의 하나라고 볼 수 있습니다.

저출산 현상이 지속되면 사회에서 경제활동을 담당할 생산 인구가 감소하기 때문에 경제 규모가 축소되는 문제가 발생합니다. 뿐만 아니라 고령화 사회와 맞물려 노년층을 버티게 할 젊은 동력을 잃게 되어 국가 경쟁력이 하락할 수도 있습니다.

저출산 문제를 해결하기 위해서 몇 가지 해결 방안을 생각해 볼 수 있습니다. 먼저, 정부 차원에서 실질적인 육아 서비스나 보육 시설 같은 돌봄 서비스를 확충해야 합니다. 즉, 출산과 양육에 유리한 환경을 구축해서 여성들이 마음 놓고 일을 할 수 있게끔 질적인 보육 서비스를 제공해야 합니다. 예를 들면 아이 돌봄 시설의 종일반 확대, 시간 연장반 교사의 확충과 같은 것을 들 수 있을 것입니다. 또한 다자녀 가구를 위한 혜택 등을 마련해서 양육 과정에서 오는 경제적 부담감을 덜어주는 정책도 필요하다고 봅니다. 가령, 다자녀 가구의 자녀에게는 학비를 면제해 준다거나 주택 구입 시 자금 대출을 용이하게 해 준다거나 하는 등의 혜택을 제공할 수 있을 것입니다.

우리 사회의 미래를 생각한다면 저출산 현상은 이제 더 이상 방관해서만은 안 될 문제입니다. 정확한 원인을 파악하고 이에 따른 대처 방안을 조속히 마련해야 할 것입니다.

한상미 연세대학교 국어국문학과 박사

연세대학교 언어연구교육원 한국어학당 교수

국어심의회 위원 역임

〈저서 및 논문 외〉

- 한국어 학습자의 의사소통문제 연구(커뮤니케이션북스)
- 연세한국어 3(공저, 연세대학교 출판부)
- 새 연세한국어 어휘와 문법 2(공저, 연세대학교 대학출판문화원)
- Coursera MOOC 한국어 강좌 'Learn to Speak Korean 1' 책임 개발 및 강의
- 온라인 한국어 교육 콘텐츠 개발의 구성원리(2022) 외 다수

김성숙 연세대학교 국어국문학과 박사

전 한양대학교 창의융합교육원 조교수

연세대학교 언어연구교육원 한국어학당 교수

〈저서 및 논문 외〉

- 한국어 논리와 논술(연세대학교 대학출판문화원)
- 한국어 표현 교육의 이론과 실제(경진출판)
- 새 연세한국어 3 말하기와 쓰기(공저, 연세대학교 대학출판문화원)
- 윤동주와 배우는 한국 시 앱 개발(http://korean-literature.com)
- 한국어 숙달도에 대한 올인원 진단 모형 개발(2020) 외 다수

조인옥 연세대학교 국어국문학과 박사

연세대학교 언어연구교육원 한국어학당 교수

〈저서 및 논문 외〉

- 외국인 학습자를 위한 한국문화교실(공저, 보고사)
- 대학 강의 수강을 위한 한국어 말하기, 듣기, 쓰기, 읽기 중급 1(공저, 연세대학교 대학출판문화원)
- 새 연세한국어 듣기와 읽기 3(공저, 연세대학교 대학출판문화원)
- 메타분석을 통한 한국어 교수법 효과 분석(2018)
- 학습자 말뭉치에 기반한 문법 오류 수정 방식 분석(2022) 외 다수

정여훈 연세대학교 국어국문학과 박사

연세대학교 언어연구교육원 한국어학당 교수

〈저서 및 논문 외〉

- 새 연세한국어 말하기와 쓰기 2(공저, 연세대학교 대학출판문화원)
- 새 연세한국어 어휘와 문법 교사용 지침서 5(공저, 연세대학교 대학출판문화원)
- 의사소통 능력 향상을 위한 한국어 초급 표현 교재 개발의 원리와 실제(2020)
- 한국어 학습 목적에 따른 단기 한국어 교육 과정 비교 연구(2020)
- 한국어 중급 교재 문법 설명에서의 화용 정보 기술에 대한 연구(2021) 외 다수

한국어 말하기 평가론

한국어 교원을 위한 말하기 숙달도 평가 안내서

ⓒ한상미·김성숙·조인옥·정여훈, 2024

1판 1쇄 인쇄__2024년 02월 20일
1판 1쇄 발행__2024년 02월 28일

지은이__한상미·김성숙·조인옥·정여훈
펴낸이__양정섭

펴낸곳__경진출판
      등록__제2010-000004호
      이메일__mykyungjin@daum.net
      사업장주소__서울특별시 금천구 시흥대로 57길(시흥동) 영광빌딩 203호
      전화__070-7550-7776 팩스__02-806-7282

값 15,000원
ISBN 979-11-92542-78-2 93710